MERCADOS

E FEIRAS LIVRES

EM SÃO PAULO

[1867-1933]

SERVIÇO SOCIAL DO COMÉRCIO
Administração Regional no Estado de São Paulo

Presidente do Conselho Regional
Abram Szajman
Diretor Regional
Danilo Santos de Miranda

Conselho Editorial
Ivan Giannini
Joel Naimayer Padula
Luiz Deoclécio Massaro Galina
Sérgio José Battistelli

Edições Sesc São Paulo
Gerente Iã Paulo Ribeiro
Gerente adjunta Isabel M. M. Alexandre
Coordenação editorial Cristianne Lameirinha, Clívia Ramiro, Francis Manzoni
Produção editorial Simone Oliveira
Coordenação gráfica Katia Verissimo
Produção gráfica Fabio Pinotti
Coordenação de comunicação Bruna Zarnoviec Daniel

MERCADOS E FEIRAS LIVRES EM SÃO PAULO [1867-1933]

FRANCIS MANZONI

© Francis Manzoni, 2019
© Edições Sesc São Paulo, 2019
Todos os direitos reservados

Preparação Leandro Rodrigues
Revisão Elba Elisa, Luiza Thebas
Cartografia Sonia Vaz
Capa e projeto gráfico Raquel Matsushita
Diagramação Mislaine Barbosa e Nayara dos Santos Ferreira | Entrelinha Design
Imagem do encarte Planta Geral da Cidade de São Paulo, 1914, organizada por João Pedro Cardoso. Acervo do autor

Dados Internacionais de Catalogação na Publicação (CIP)

Manzoni, Francis
    Mercados e feiras livres em São Paulo: 1867-1933 / Francis Manzoni. – São Paulo: Edições Sesc São Paulo, 2019.
    – 208 p. il.: imagens, mapas e plantas.

ISBN 978-85-9493-153-5

1. História. 2. São Paulo. 3. Centro de São Paulo.
4. Comércio popular de alimentos. 5. Séculos XIX-XX.
6. Mercado Municipal. 7. Feiras livres. 8. Mercados. I. Título.

CDD: 981.61

Edições Sesc São Paulo
Rua Cantagalo, 74 – 13º/14º andar
03319-000 – São Paulo SP Brasil
Tel. 55 11 2227-6500
edicoes@edicoes.sescsp.org.br
sescsp.org.br/edicoes
/edicoessescsp

Gemem profundas as carroças com suas pesadas cargas,
Tal como seu obscuro destino, vergam-se ao longo das estradas;
Roda após roda, numa lenta e terrível procissão,
Com metade da colheita, a seu destino elas seguem.
[...]
A expedição secreta, como a noite
Que encobre seus intentos, ainda evita a luz
[...]
Enquanto o pobre lavrador, ao deixar a cama,
Descobre o enorme celeiro tão vazio quanto o seu barraco.

S. J. Pratt

• SUMÁRIO •

8 **APRESENTAÇÃO**
Os mercados, as feiras, as ruas e os seus tantos sujeitos na virada do século XX
Danilo Santos de Miranda – *Diretor Regional do Sesc São Paulo*

11 **INTRODUÇÃO**
No tempo do Brasil sem agrotóxicos

24 **CAPÍTULO 1**
O campo e a cidade: trabalho, práticas populares e políticas públicas

62 **CAPÍTULO 2**
O comércio popular de alimentos na cidade: ruas, mercados e feiras de São Paulo

132 **CAPÍTULO 3**
Entre normas e exceções: o cotidiano dos comerciantes no abastecimento alimentício de São Paulo

182 Trabalhadores por conta própria: da invisibilidade ao empreendedorismo

189 Agradecimentos
191 Fontes consultadas
192 Referências bibliográficas
201 Relação de imagens, mapas e plantas
205 Sobre o autor

• APRESENTAÇÃO •

OS MERCADOS, AS FEIRAS, AS RUAS E OS SEUS TANTOS SUJEITOS NA VIRADA DO SÉCULO XX

Inúmeros estudos ocupam-se da análise das mudanças ocorridas no universo do trabalho paulistano na virada do século XIX para o XX, período marcado pelo crescimento vertiginoso da cidade e pela incorporação de novos contingentes de mão de obra à nascente indústria e ao comércio. Transitando nessa temática, Francis Manzoni avigora as pesquisas ao enfocar as práticas sociais, as identidades e o cotidiano dos pequenos produtores e comerciantes de gêneros alimentícios presentes nos mercados públicos, nas feiras, nas praças e nas ruas da capital São Paulo.

Ao trazer os rostos dos que estavam à sombra da rede envolvida no abastecimento da embrionária metrópole – os chamados, à época, caipiras, carroceiros, ambulantes, carregadores, quitandeiras etc. –, as investigações destacam na paisagem urbana a fisionomia de um crescimento rápido, desordenado, disfuncional e perverso. Elas evidenciam, no vaivém frenético das ruas estreitas do centro e no fervilhar dos mercados e armazéns, a presença de uma população empobrecida, constituída por trabalhadores nacionais, negros e brancos, ao lado dos imigrantes, em torno de uma malha de ocupações informal, voltada ao suprimento de víveres.

Registros cartoriais e censitários, documentos públicos, mapas, fotografias, crônicas e relatos de memorialistas – em diálogo com a bibliografia inserida no campo da História Social – servem de ancoragem para a compreensão de aspectos da vida desses grupos, com seus costumes, rotinas e experiências peculiares. A partir do entendimento das formações societárias de então, o livro trafega, com muita fluidez, nas clivagens sociais e nas assimetrias que operavam na potente São Paulo.

Esta obra oferece um olhar singular sobre a dinâmica das relações de trabalho em uma faceta específica do comércio, contribuindo como um importante registro das memórias de uma época, e também sobre as formas de sociabilidades que sobrevieram às profundas transformações socioeconômicas, arquitetônicas, urbanísticas e demográficas da maior cidade do país.

DANILO SANTOS DE MIRANDA
Diretor Regional do Sesc São Paulo

• INTRODUÇÃO •

NO TEMPO DO BRASIL SEM AGROTÓXICOS

Este livro aborda algumas dimensões da experiência de imigrantes e brasileiros nativos pobres – roceiros, caipiras, negros – envolvidos na produção e no comércio de alimentos na cidade de São Paulo entre os anos de 1867 e 1940[1]. Conhecidos à época como "caipiras", os lavradores, carroceiros, carregadores, vendedores ambulantes, tropeiros e comerciantes de todo tipo participavam ativamente do suprimento nacional de alimentos, especialmente dos gêneros de primeira necessidade. Buscando dar visibilidade à presença dessa população na cidade, procuramos identificar seus territórios de moradia e trabalho, acompanhando os deslocamentos das suas áreas de cultivo e criação de animais e explorando suas formas de interação com as reformas urbanas promovidas em São Paulo nas primeiras décadas do século XX.

Durante esse período, acompanhando as reformas urbanas, o comércio de alimentos também passou por profundas transformações, com a intensificação do controle sobre o trabalho de ambulantes, a edificação e a demolição de mercados públicos e a organização das primeiras feiras livres da capital. Diante de uma demanda constante por alimentos e de um aumento demográfico considerável, a alimentação popular e o abastecimento da cidade de São Paulo preocupavam o poder público,

---

1 A pesquisa que originou este livro cobriu de forma mais aprofundada o período de 1867 a 1914, mas a ela foram incorporadas novas informações até o ano de 1933, com o propósito de acompanhar a movimentação em torno da construção do Mercado Municipal de São Paulo; já o debate sobre seu projeto engloba concepções e experiências anteriores de funcionamento dos mercados públicos.

passando a motivar estudos, análises e propostas por parte de médicos, autoridades sanitárias, políticos, administradores, funcionários e diversos órgãos contemporâneos dessas transformações.

No entanto, essa temática não teve a devida atenção por parte de pesquisadores que se dedicaram a estudar o viver urbano da São Paulo desse período. Uma observação recorrente nos estudos sobre a Pauliceia é o seu crescimento demográfico – de 31.385 habitantes, em 1872, para 64.934, em 1890, aumentando significativamente para 239.820 em 1900 e contabilizando 579.033 moradores em 1920[2]. Os impactos sociais concretos mais visíveis desse crescimento populacional foram o aumento e a diversificação do espaço urbano ocupado e, acima de tudo, os investimentos na ampliação da infraestrutura e na remodelação de ruas e praças[3].

Assim, a maioria dos estudos sobre a cidade dedicou-se a analisar a passagem do século XIX para o XX com foco nas alterações no modo de viver e os impactos da reforma urbanística que remodelou alguns espaços da cidade nas duas primeiras décadas do século passado. A ênfase no aspecto urbanístico acabou reforçando a imagem de uma São Paulo rica, moderna e europeizada, minimizando outros modos de viver, trabalhar e lutar que eram numericamente menos expressivos, mas que subsistiram no interior e no entorno da metrópole do café.

É inegável o fato de o crescimento demográfico ter alterado sensivelmente a vida social de São Paulo; também não se pode minimizar a importância dos imigrantes na constituição do mercado de trabalho e na organização de movimentos de trabalhadores na forma de greves, organizações sindicais e da imprensa operária. Porém, numerosas fontes – livros de memorialistas, relatórios de prefeitos, documentos administrativos, legislação e fotografias – evidenciam outras experiências sociais intensas, como a emergência de novas demandas para a população

---

2 Emplasa, *Memória urbana: a Grande São Paulo até 1940*, São Paulo: Arquivo do Estado/Imprensa Oficial, 2001, p. 24.

3 Merece destaque o número de estudos sobre a expansão do trabalho fabril e a formação e organização de uma classe operária composta de imigrantes, especialmente italianos.

pobre que se avolumava, especialmente relacionadas às necessidades de moradia e alimentação, o crescimento acelerado do comércio ambulante pelas ruas e a persistência de áreas de cultivo no espaço urbano de São Paulo. Esse contexto indica a coexistência de outros modos de viver e trabalhar na cidade entre o final do século XIX e a década de 1930, quando começa a funcionar o Mercado Municipal Paulistano à rua da Cantareira.

Segundo dados divulgados pelo Instituto Brasileiro de Geografia e Estatística (IBGE), entre 2009 e 2013, 7 milhões de pessoas no Brasil estavam vulneráveis à fome – fato que está intimamente associado aos altos índices de pobreza. Em 2004, eram 44 milhões, de acordo com estatísticas do Programa Fome Zero[4]. Isso mostra a atualidade das questões e reflexões que já se colocavam na virada do século XIX para o século XX, e que passam longe de estar resolvidas: os rumos da reforma agrária, a importância das produções desenvolvidas por pequenos agricultores, por trabalhadores assentados e cooperativas de produtores autônomos, além da produção de alimentos orgânicos, como alternativas para a diminuição dos índices de pobreza e erradicação da fome no Brasil.

É importantíssimo investigar, portanto, a participação de pequenos e médios produtores e comerciantes do campo no abastecimento alimentício de São Paulo. Objeto excelente para essa investigação são os mercados e as feiras livres, espaços onde se concentrava a maioria desses trabalhadores e principais pontos de conexão de suas atividades com a metrópole.

Na transição para o século XX, o termo "caipira" foi recorrentemente utilizado para designar os trabalhadores das feiras e dos mercados. Já de saída, surgem duas questões: seriam considerados "caipiras" todos os moradores dos arrabaldes distantes e semirrurais na cidade ou apenas aqueles envolvidos com a terra e com a produção

---

4 Criado em 2003, durante o mandato presidencial de Luiz Inácio Lula da Silva, esse programa de combate à fome e à miséria veio substituir o programa Comunidade Solidária, que vigorava desde 1995.

de gêneros alimentícios? Existiria alguma associação entre as ascendências negra e indígena e essa qualificação?

A exploração dos significados do termo "caipira", recuperando sua historicidade, será valiosa para chegar às respostas a tais indagações. Alguns estudos das décadas de 1960 e 1970 analisaram esses grupos ditos "caipiras" em sua formação, estudando suas práticas de subsistência e evidenciando, na maioria das vezes, as condições de isolamento e autossuficiência em que se mantinham, afastados das cidades e das trocas e intercâmbios que nelas se realizavam.

No trabalho de Antonio Candido *Os parceiros do Rio Bonito*[5], as populações "caipiras" são estudadas em perspectiva histórico-antropológica, centrada no modo de vida, nos costumes, nos valores e nas formas de organização de uma comunidade rural na cidade de Bofete, no interior paulista. A obra elege a questão da subsistência como principal motivadora de sociabilidades e de solidariedade entre os lavradores. Ao investigar as formas de povoamento, de organização e de subsistência dessas comunidades, Candido destaca os aspectos mais tradicionais em seus modos de vida como características essenciais dos chamados "caipiras", sem estender a investigação para as particularidades mais localizadas, como o contexto das áreas de lavoura na cidade de São Paulo.

Já o célebre *Homens livres na ordem escravocrata*, de Maria Sylvia de Carvalho Franco, aborda os trabalhadores expropriados nas áreas produtoras do Vale do Paraíba, em uma sociedade marcada pela grande propriedade e estabelecida com base na escravidão. Analisando processos-crime, relatos de viajantes, inventários, testamentos, correspondências e Atas da Câmara de Guaratinguetá, a autora traça as complexas relações entre grandes proprietários de terra e homens despossuídos do século XIX:

---

5 Antonio Candido, *Os parceiros do Rio Bonito*, São Paulo: Duas Cidades, 1982.

Historicamente, o estabelecimento de núcleos de povoação se fez na base de famílias independentes, de sitiantes, de proprietários ou posseiros [...]. As atividades de subsistência organizaram-se numa economia fechada, no plano dos bairros, bastante isolados dos centros de população maiores e mais densos [...]. Em certa medida, isto é, acentuando-se o isolamento e a autossuficiência dos bairros, as comunidades caipiras podem ser pensadas como uma realidade autônoma. Foi com essa referência que conduzi a argumentação até agora e procurei estabelecer a natureza das relações no mutirão [...][6].

O estudo de Franco refere-se aos lavradores de meados do século XIX, no Rio de Janeiro e em São Paulo, e seus argumentos reafirmam as impressões de isolamento e autossuficiência que marcariam a vida dos trabalhadores "caipiras", sem valorizar as possíveis iniciativas e atividades de cunho comercial. A generalização de interpretações pioneiras sobre o tema, como a de Candido e a de Franco, para outras experiências históricas em tempos e espaços diversos engendrou uma tendência homogeneizadora de análise sobre as comunidades roceiras paulistas.

Estudos mais recentes abordaram essa problemática a partir de outras perspectivas, como as representações criadas sobre o "caipira" na imprensa, na literatura, no rádio, no cinema e no teatro. Na maioria dessas obras, não há preocupação em entender o que era ser caipira, como viviam e trabalhavam esses tipos sociais, mas sim em buscar as representações elaboradas por literatos como Monteiro Lobato, Valdomiro Silveira e Cornélio Pires.

Célia Regina Silveira, em sua dissertação de mestrado[7], analisa as personagens "caipiras" criadas por Valdomiro Silveira, bem como as criações de Cornélio Pires, reconhecendo em ambos representações do "caipira" como trabalhador saudável e

---

6 Maria Sylvia de Carvalho Franco, *Homens livres na ordem escravocrata*, São Paulo: Unesp, 1997, p. 31.

7 Célia Regina da Silveira, *A epopeia do caipira: regionalismo e identidade nacional em Valdomiro Silveira*, dissertação (Mestrado em história), Assis: Unesp, 1997.

legítimo tipo nacional. Já o personagem Jeca Tatu, de Monteiro Lobato, contribuiu para a construção de uma imagem depreciativa do "caipira", que carregou durante longo período os estigmas de vagabundo, doente, infantil e ignorante; redimido pela higiene rural[8], o caipira seria mais tarde considerado capaz de transformar-se e de melhorar suas condições de vida.

Márcia Regina Capelari Naxara retoma os personagens criados por Pires, Silveira e Lobato, evidenciando sua força e sua difusão no imaginário coletivo. Ela busca as imagens construídas pela literatura sobre a população nacional, analisando as exclusões e os preconceitos que carregam. Segundo a autora, até mesmo nas descrições que apresentam o "caipira" como trabalhador responsável e que valorizam sua cultura, há uma clara distinção entre os espaços urbano e rural, figurando o primeiro como lugar do progresso, da civilização e do conhecimento, o que de toda forma marginalizava o campo, relegando-o à condição de lugar da ignorância e do atraso[9].

Geni Rosa Duarte desenvolve um estudo sobre o rádio em São Paulo nos anos 1930 e 1940, utilizando, entre outras fontes, o riquíssimo acervo de música caipira e diversos depoimentos dos cantores desse gênero preservados no Museu da Imagem e do Som (MIS) de São Paulo. Em consonância com os trabalhos de Silveira e Naxara, Duarte investiga as representações sobre os tipos nacionais veiculadas pela música, pelas emissoras de rádio, pelo cinemas e pelo teatro[10]. Abordando a figura do "caipira" em seus múltiplos significados, Duarte leva em consideração a historicidade do

---

8 No prefácio da quarta edição de *Urupês* (São Paulo: *Revista do Brasil*, 1919), Monteiro Lobato pede desculpas ao personagem Jeca Tatu, expressando sua compreensão de que o homem rural era vítima da exploração agrária e da desigualdade extrema. Nesse sentido, deveria ter acesso às possibilidades de desenvolvimento, a começar pela higiene rural, livrando-se assim de doenças, e também ao conhecimento, por meio da alfabetização.

9 Márcia Regina Capelari Naxara, *Estrangeiro em sua própria terra: representações do brasileiro (1870-1920)*, São Paulo: Annablume, 1998, p. 117.

10 Geni Rosa Duarte, *Múltiplas vozes no ar: o rádio em São Paulo nos anos 30 e 40*, tese (Doutorado em história), São Paulo: PUC, 2000.

termo "caipira", refletindo sobre as diversas funções e interesses que permeiam sua utilização, seja para referir ou desqualificar o elemento nacional.

De modo geral, esses trabalhos não problematizam os pressupostos que nortearam a construção dessas representações sobre os caipiras, o nacional ou o regional. Na verdade, essas investigações tomam a questão nacional como central e, cada qual ao seu modo, procuram compreender como as construções literárias e musicais sobre a figura do caipira ganham sentido no interior desses projetos para a nação.

Considerando que as primeiras discussões sobre o tema emergem no momento de mudanças na composição étnica da população paulistana – com a entrada crescente de imigrantes de diversas nacionalidades –, é necessário refletir sobre os projetos políticos envolvidos na constituição de um mercado de trabalho urbano, sobre o debate acerca do lugar social da "população nacional", sobre sua suposta incapacidade de interagir com as intensas transformações que marcaram a cidade naquele momento, e indagar: essas "impressões correspondem à experiência social e cultural dessas pessoas naquele período?"[11].

Neste livro, utilizaremos como base sobretudo as pesquisas produzidas a partir da década de 1980, apoiadas nas reflexões de Edward Thompson e nas questões propostas pela História Social Inglesa. Complementando essa linha mestra de análise, diversos trabalhos são preciosos para pavimentar a investigação sobre o tema, como, por exemplo, o de Heloisa de Faria Cruz, que amplia a compreensão sobre a diversidade de trabalhadores que participaram do processo de transformação das cidades no início do século XX, abrindo perspectivas de análise e sugerindo um novo olhar para as questões acerca do trabalho urbano, antes centrado apenas nos operários das fábricas[12]. Outro autor essencial, Carlos José Ferreira dos Santos, problematiza a aparente

---

11 Carlos José Ferreira dos Santos, *Nem tudo era italiano: São Paulo e pobreza (1890-1915)*, São Paulo: Annablume/Fapesp, 1998, p. 15.

12 Cf. Heloisa de Faria Cruz, *Trabalhadores em serviços: dominação e resistência (São Paulo – 1900/1920)*, São Paulo: Marco Zero, 1991.

invisibilidade da população pobre na cidade de São Paulo e procura rastrear as formas e os espaços de sobrevivência das camadas populares e a importância do trabalho dessa população para a vida da cidade naquele momento. Nesse caminho, Santos dá visibilidade ao trabalho dos "caipiras" nos mercados públicos, destacando que o comércio que realizavam:

> [...] barateava o preço de alguns produtos e auxiliava o viver cotidiano de vários paulistanos, colaborando mesmo por um bom tempo com o próprio desenvolvimento urbano da cidade, por facilitar a circulação de alimentos e outras mercadorias produzidas nas áreas mais distantes. Da mesma maneira, os caipiras contribuíram também para a existência de outras atividades, como a do "preto lenhador" e a dos carregadores localizados em torno dos mercados[13].

Essa bibliografia permite acompanhar as estratégias de sobrevivência dos trabalhadores envolvidos na produção e no comércio de alimentos em São Paulo que, na virada para o século XX, participavam da afirmação de um mercado de trabalho livre capitalista.

O modo de vida desses trabalhadores rurais era um campo marcado por tensões e resistências contra a disciplinarização social implementada pelas instituições e pelos instrumentos que promoviam a legalidade urbana[14]. Esse interesse do capital em controlar as formas de cultura popular é analisado por Stuart Hall:

---

13 Carlos José Ferreira dos Santos, *op. cit.*, p. 107.

14 Entendemos a cultura como campo de luta e disputa pelo poder. A chamada linha dos Estudos Culturais, com a qual comungamos, teve grande desenvolvimento a partir da História Social Inglesa e dos trabalhos de historiadores como Christopher Hill, Edward P. Thompson, Eric Hobsbawm, entre outros. Segundo Richard Johnson, "Os processos culturais estão intimamente vinculados com as relações sociais e as formações de classe [...]; cultura envolve poder, contribuindo para produzir assimetrias nas capacidades dos indivíduos e dos grupos sociais para definir e satisfazer suas necessidades. E a [...] cultura não é um campo autônomo, nem externamente determinado, mas um local de diferenças e de lutas sociais". Cf. Richard Johnson, O que é afinal Estudos Culturais? *In*: Tomaz Tadeu da Silva (org.), *O que é afinal Estudos Culturais?*, Belo Horizonte: Autêntica, 2000, p. 13.

O capital tinha interesse na cultura das classes populares porque a constituição de toda uma nova ordem social em torno do capital requeria um processo mais ou menos contínuo, embora intermitente, de reeducação no sentido mais amplo da palavra. E na tradição popular estava um dos principais focos de resistência às formas por meio das quais se pretendia levar a cabo esta Reforma do povo[15].

Estudos mais recentes sobre a história popular propõem abordagens menos generalizantes, mais próximas dos indivíduos e grupos, atentando para os conjuntos de atitudes, valores e códigos de comportamento das classes populares:

Em anos recentes, a história popular dirigiu seus principais esforços para a recuperação da experiência subjetiva [...]; na história social se dá maior importância às pessoas que aos lugares, à qualidade de vida que às peculiaridades topográficas; na história do trabalho se observa o interesse pelas formas mais espontâneas de resistência[16].

Tendo em vista, pois, as diversas linhas de estudo que trataram do tema a partir do século XX, buscaremos compreender os modos de vida, as formas de trabalho e os comportamentos dos trabalhadores que participavam do abastecimento de gêneros alimentícios, considerando as formas como esses sujeitos foram fartamente representados – símbolos do atraso, da rusticidade, da simplicidade e da ignorância. Ao mesmo tempo, procuraremos evidenciar suas estratégias de subsistência e de interação com as transformações na cidade.

---

15 Stuart Hall, Notas sobre la desconstrucción de lo popular. *In*: Raphael Samuel, *Historia popular y teoría socialista*, Barcelona: Crítica, 1984, p. 94.

16 Raphael Samuel, Historia popular – Historia del pueblo. *In*: Raphael Samuel, *op. cit*, p. 20.

Quem acompanha os modos como os trabalhadores produziam e vendiam alimentos, raízes, ervas e utensílios inevitavelmente se depara com as ações que buscavam reprimir hábitos, valores e modos de vida dessa população pobre. Daí surge a necessidade de reflexão sobre os modos de interação desses trabalhadores com as exigências de comportamento impostas pelas autoridades municipais e pelo mercado de trabalho em transformação. Dialogando com Thompson[17], pode-se pensar a atuação de pequenos produtores e comerciantes de alimentos como uma estratégia de resistência e de preservação cultural, uma vez que, no início do século XX, esses trabalhadores disputavam, ocupavam e criavam espaços especializados na metrópole em plena transformação.

Observaremos com maior atenção o período que vai do final da década de 1860 até a década de 1940. Embora a mercantilização de gêneros alimentícios tenha se iniciado em época bem anterior, data de 1867 a construção do primeiro mercado de São Paulo, na várzea do Carmo, seguida pela organização das primeiras feiras livres na capital, até a inauguração do Mercado Municipal de São Paulo, na rua da Cantareira, em 1933. Esse período é intensamente marcado pelo crescimento demográfico e econômico da cidade, em que emergiram demandas cada vez maiores por gêneros de primeira necessidade e por moradias populares, sendo frequentes os movimentos contra a carestia de vida e as reivindicações populares em torno dessas questões.

---

17 Edward P. Thompson, *Costumes em comum: estudo sobre a cultura tradicional*, São Paulo: Companhia das Letras, 1998.

As fontes documentais consultadas compreendem, principalmente, a documentação produzida pela administração municipal[18] – relatórios de administradores dos mercados, relatórios de prefeitos, anais da Câmara Municipal de São Paulo[19], legislação, documentos avulsos, processos administrativos levantados na Câmara Municipal

---

18 A documentação municipal compreende documentos avulsos (não encadernados) da Câmara Municipal de São Paulo até o ano de 1914, reunida no Fundo Prefeitura do Município de São Paulo (PMSP), cujo plano de classificação inicial aponta os seguintes grupos documentais: Almotaçaria, Conselho de Vereadores, Contadoria, Fiscalização, Instrução Pública, Justiça, Obras e Urbanismo, Procuradoria e Secretaria. Por se tratar de uma documentação volumosa e ainda sem organização, foram analisadas apenas as caixas que traziam como referência o item "Fiscalização", e nelas foram localizados registros de autuação de comerciantes, apreensões de mercadorias e veículos de transporte, multas, intimação de vendedores em situação ilegal, entre outros documentos produzidos pelo serviço fiscal. Nesse item também foram examinados os relatórios dos guardas-fiscais responsáveis pelos mercados, nos quais encontramos ocorrências importantes como intimações de ambulantes, multas por comércio clandestino e processos envolvendo funcionários dos mercados. Na série "Administração", que abrange as subséries "Mercados", "Matadouros" e "Cemitérios", encontram-se alvarás, correspondências, pareceres, petições, relatórios de fiscais e vistorias. Esse arranjo documental reúne os documentos administrativos do período das Intendências Municipais (1890-1898), o braço executivo da Câmara Municipal nesse período. Com diversas denominações (Intendência Municipal de Justiça e Polícia, Intendência de Higiene e Saúde Pública, Intendência de Justiça e Polícia, Intendência de Polícia e Higiene), no século XIX essa estrutura administrativa cuidava dos Mercados Municipais, Matadouros, Cemitérios e da Saúde Pública. A série "Administração" é um conjunto documental rico e diversificado e foi fundamental para responder às questões sobre o cotidiano no interior dos mercados. Ela é composta em sua maior parte de petições enviadas à Intendência de Polícia e Higiene por comerciantes instalados nos mercados da rua 25 de Março e da avenida São João. Aqui encontramos diversas referências às disputas entre esses comerciantes, problemas entre lavradores nacionais e imigrantes, rixas entre locatários e administradores, além de indicações sobre os lugares de origem dos comerciantes das áreas rurais. Ainda que esses documentos tragam o olhar das autoridades sobre as disputas e questões cotidianas envolvendo os comerciantes dos mercados e das ruas da capital, eles também fornecem pistas a partir das quais pudemos vislumbrar parte das tensões que marcavam o cotidiano paulistano. Essa documentação permitiu conhecer mais de perto o dia a dia dos comerciantes e demais trabalhadores presentes no comércio de alimentos nas suas relações com as autoridades municipais, ora driblando as posturas e normas instituídas pela Prefeitura e pela Câmara Municipal, ora invocando as leis e regulamentos para garantir seus direitos e/ou defender posições conquistadas.

19 Na Biblioteca da Câmara Municipal de São Paulo, tem-se acesso aos relatórios de prefeitos entre 1890 e 1940. Ali são encontrados relatórios dos administradores dos mercados públicos, tabelas de preços de compartimentos e quartos existentes nos mercados, pareceres de prefeitos sobre a administração desses estabelecimentos, listas de produtos comercializados em alguns entrepostos, além de relatos que avaliam e justificam a inauguração, funcionamento e fechamento de alguns mercados e das feiras livres. Essas informações permitem identificar a localização e distribuição dos espaços de venda no interior dos mercados e reconhecer algumas diferenças entre eles. Os relatórios ainda trazem indícios dos interesses envolvidos em torno da definição de construções, reformas, remoção e fechamento dos mercados, bem como da criação e localização das feiras livres.

e no Arquivo Histórico Municipal[20]. Também foi importante para a realização deste livro o levantamento da legislação sobre mercados, comércio ambulante e feiras, realizado em parte na biblioteca do Arquivo Histórico Municipal e complementado na Seção de Referência Legislativa da Procuradoria Geral do Município. Além de exprimir as concepções que nortearam a constituição de mecanismos de controle e disciplinarização do comércio na cidade, esse levantamento indicou caminhos para o aprofundamento da investigação.

Também foram consultados mapas, plantas e fotografias[21], bem como livros de cronistas e memorialistas[22], presentes nos acervos da Biblioteca Municipal Mário de Andrade, da Seção de Negativos da Divisão de Iconografia e Museus do Departamento do Patrimônio Histórico do Município de São Paulo e da Fundação Patrimônio Histórico da Energia de São Paulo.

---

20 A documentação produzida pela administração municipal, localizada no Arquivo Histórico Municipal da cidade de São Paulo, abrange o período entre 1906 e 1912.

21 A maior parte das imagens utilizadas foi obtida na Seção de Negativos da Divisão de Iconografia e Museus do Departamento do Patrimônio Histórico. Rastreamos imagens relacionadas aos mercados, às feiras e às ruas tradicionalmente ocupadas pelo comércio popular. Em seguida, selecionamos e reproduzimos as fotografias que permitiam reconhecer os espaços dos mercados, as pessoas e formas de ocupação dos espaços, o movimento das ruas ao redor dos mercados e as formas como se realizava o comércio nas feiras e mercados. Foram também pesquisadas as fotografias do acervo da Fundação Patrimônio Histórico da Energia de São Paulo. Muitas das imagens desse arquivo foram produzidas pelo fotógrafo Guilherme Gaensly, que no início do século XX fora contratado pela The São Paulo Light and Power Company Limited para retratar algumas das obras de assentamento de trilhos para bondes nas áreas centrais da cidade, criando imagens de uma São Paulo urbanizada. Outra tentativa para localizar imagens sobre a cidade que não estivessem tão comprometidas com os projetos de sua remodelação foi o levantamento de livros ilustrados com postais, desenhos e pinturas sobre a capital. Em todas as imagens, buscamos visualizar as formas diversas de ocupação do espaço urbano, atentos aos indícios da sobrevivência de espaços de lavoura na cidade de São Paulo e aos espaços onde se concentravam os trabalhadores pobres, o que, às vezes, significa buscá-los no fundo e nas bordas da imagem. A fotografia permite a visualização das formas de organização e utilização do espaço urbano, dos comerciantes e trabalhadores pobres, e auxilia na análise da evolução arquitetônica dos mercados e da sua organização interna.

22 As memórias, as crônicas e os relatos de viajantes trazem referências aos mercados, às feiras, ao comércio popular, aos "caipiras" e a todo tipo de informações relacionadas ao comércio de São Paulo, às áreas rurais paulistanas e à população pobre da capital. Apesar de esse tipo de documentação trazer uma visão mais idealizada da cidade e comprometida com os projetos que visavam torná-la uma metrópole limpa, moderna e civilizada – o que significou muitas vezes desqualificar ou silenciar as populações pobres –, ela fornece indícios pontuais e fragmentados que, reunidos e contrapostos, permitem reconhecer espaços e atividades ligadas a essas populações.

Os três capítulos que formam este livro estão organizados em função de temas e questões específicas. O primeiro capítulo, "O campo e a cidade: trabalho, práticas populares e políticas públicas", oferece um mapeamento dos espaços ligados ao abastecimento de alimentos da capital, localizando algumas áreas de lavoura onde viviam e trabalhavam os trabalhadores roceiros de São Paulo. São delineados alguns dos caminhos que ligavam a capital às regiões produtoras em seu entorno e a estrutura de apoio formada por pousos e ranchos utilizada por tropeiros e comerciantes. Acompanhamos também parte das remodelações de algumas áreas na cidade e o progressivo afastamento das áreas de cultivo.

O segundo capítulo, intitulado "O comércio popular de alimentos na cidade: ruas, mercados e feiras de São Paulo", aborda a organização e os usos de mercados e feiras livres e de outros espaços de comércio de alimentos, atentando para a formação de grupos e territórios diferenciados e indicando alguns lugares onde se realizava o comércio popular – como foco também para as formas de resistência e as transformações.

O terceiro capítulo, "Entre normas e exceções: o cotidiano dos comerciantes no abastecimento alimentício de São Paulo", volta-se para a crescente intervenção do poder público sobre a produção e o comércio de alimentos. Refletimos sobre as tentativas de normatizar e regulamentar as práticas comerciais dos populares e atentamos para as reações, demandas e tensões que permeiam essa relação. Ao final, expomos parte das relações que se estabeleceram entre os trabalhadores de mercados e feiras livres e a administração municipal.

1

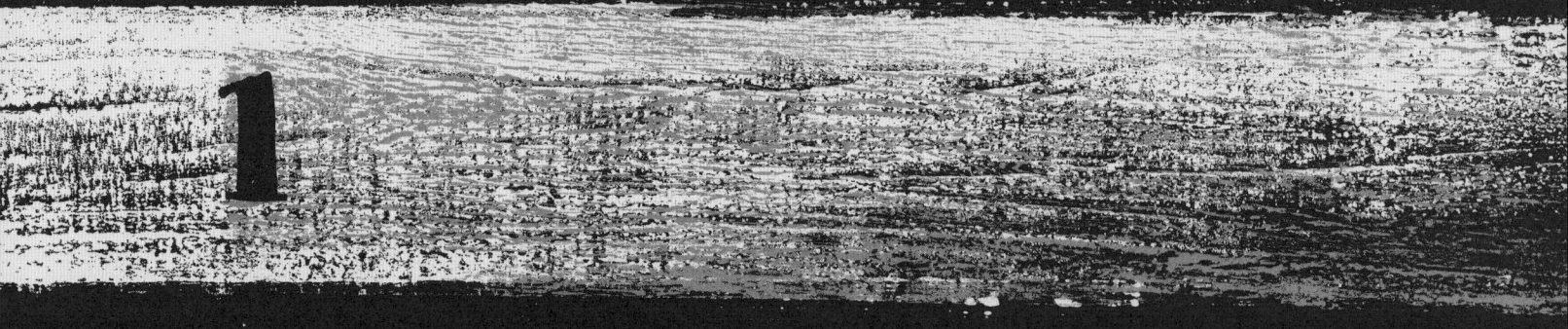

O CAMPO E A CIDADE:

TRABALHO, PRÁTICAS POPULARES

E POLÍTICAS PÚBLICAS

Em meados do século XIX, a cidade de São Paulo possuía em torno de 20 mil moradores e congregava em seus arredores e vilas próximas a produção de alimentos e a criação de animais, constituindo um importante centro abastecedor para a Corte. Lugar de convergência de tropeiros, a várzea do Carmo era o ponto inicial dos caminhos para Santos, Luz, Nossa Senhora do Ó e Sorocaba. Ao longo desses caminhos, distribuía-se um amplo número de chácaras, campos, sítios, quintais e habitações da população pobre, numa cidade onde as distinções sociais ainda não estavam definidas espacialmente.

Até meados do século XIX, a capital paulistana não possuía energia elétrica e, juntamente com as poucas linhas de bondes puxados a burros e ferrovias, as distâncias eram vencidas por muares ou a pé. O centro da cidade era composto de algumas poucas ruas, "edifícios públicos acanhados, uma humilde catedral, alguns mosteiros"[23].

Analisando a planta da cidade de São Paulo elaborada pelo memorialista Affonso Antonio de Freitas a partir de referências de vários cronistas e outras plantas, e que consta presente nas páginas 206 e 207 deste livro, visualizamos uma grande concentração de sítios e chácaras na vizinhança do núcleo central de São Paulo. As áreas localizadas às margens dos rios Anhangabaú, Bexiga e Saracura constituem uma região de ocupação muito antiga, tradicionalmente ligada ao abastecimento de gêneros alimentícios, especialmente de carne e seus derivados: aí existiam invernadas e currais, o Matadouro Público, depósitos de

---

23 *Nosso Século – 1900 a 1930*, São Paulo: Abril Cultural, 1981, v. 2, p. 27.

chifres e de couro e o curtume de J. A. Coelho, por exemplo. Eram também regiões de pastagens onde se concentravam os pousos destinados aos tropeiros que se dirigiam à cidade, sobretudo na região do Piques (hoje ladeira da Memória), ponto de confluência das diversas estradas que ligavam as regiões fornecedoras de alimentos a São Paulo (Consolação, as duas estradas que cortavam a Bela Vista em direção a Santo Amaro, a estrada para Santos). Nessa região também se localizavam os mais importantes pontos de abastecimento de água da cidade: o Tanque Reúno, formado pelas águas do ribeirão Saracura, e os de Santa Tereza e do Matadouro[24].

Alguns limites da aglomeração urbana eram definidos por antigas propriedades, como a de Miguel Carlos, ao norte da cidade, próxima à Estação da Luz, região onde também se localizavam as chácaras do Bom Retiro e do Campo Redondo. Na Zona Oeste, eram bastante conhecidas as chácaras de Martinho da Silva Prado, situadas ao lado da rua da Consolação; do Senador Queirós, que ficava nas imediações da atual Biblioteca Mário de Andrade; e a do General Arouche, onde se desenvolvia uma extensa

---

24 A reconstituição da cidade de São Paulo no século XIX foi feita com base nas obras de Francisco de Assis Vieira Bueno, *A cidade de São Paulo: recordações evocadas da memória – notícias históricas*, São Paulo: Academia Paulista de Letras, 1976; de Ernani Silva Bruno, *História e tradições da cidade de São Paulo*, Rio de Janeiro: José Olímpio, 1954, p. 205; e de Benedito Lima de Toledo, *São Paulo: três cidades em um século*, São Paulo: Duas Cidades, 1983, pp. 67-96 e 145-61.

Inundação da várzea do Carmo, de Benedito Calixto, 1892.

cultura de chá, havendo inclusive forno para o preparo das ervas. A forma de alienação dessas propriedades identifica uma tendência aos loteamentos, bastante comum em meio às transformações pelas quais passaram as áreas de lavoura no final do século XIX:

> A sede da chácara, situada à rua Santa Izabel, em meados do século, passou a ser residência do Dr. Rego Freitas. Seus herdeiros, em fins do século XIX, venderam a chácara a um consórcio que promoveu o arruamento e loteamento do que viria a ser a Vila Buarque.
> Em 1905, o bairro estava extensamente construído, tomado por residências de notável homogeneidade. As casas eram, no geral, térreas, geminadas, com porão e construídas no alinhamento da rua[25].

Outra região com grande concentração de espaços rurais ficava ao longo do rio Tamanduateí, em direção ao sul. Até a retificação do leito do rio, iniciada nas últimas décadas do século XIX, diversas propriedades serviam-se de suas águas, como a chácara D. Ana Machado, que ficava bem próxima à rua Tabatinguera e a poucas quadras da igreja da Sé. Também ligada ao rio, a chácara do Ozório ocupava uma área que hoje constitui parte do bairro da Mooca. Além desses espaços, boa parte do distrito Sul da Sé era constituído por glebas, como a chácara da Glória, no Cambuci, e a do Cônego Fidelis, onde corria o rio Lavapés.

Observando o mapa de 1800-1874, nas páginas 206 e 207 deste livro, é possível observar ainda outros elementos marcantes na paisagem da cidade, como um significativo número de rios e córregos, pontes e pousos de tropeiros – como a ponte do Lorena, sobre o rio Anhangabaú, que conduzia ao Bexiga; as pontes da Tabatinguera, do Ferrão, do Meio, do Carmo e a da Constituição, ao longo do rio Tamanduateí, além de outras menores. Os pousos para tropeiros ficavam estrategicamente localizados às margens de estradas e rios, como nas proximidades das

---
25 Benedito Lima de Toledo, *op. cit.*, p. 88.

chácaras do Bexiga, do Fidélis, mais ao sul, ou para além da Luz, ao norte da cidade.

Às margens do Tamanduateí, no trecho conhecido como "As Sete Voltas", foi construído o primeiro mercado da cidade, próximo ao antigo porto da ladeira Porto Geral, muito usado pelos pequenos lavradores dos arredores que traziam produtos comercializáveis. Cidade cortada por riachos e rios, separada por várzeas alagáveis, colinas e espigões, São Paulo não era um grande município, "mas um amontoado de pequenas cidades construídas uma ao lado da outra e uma dentro da outra[26]".

Nas imagens desta página e da seguinte, visualizamos a várzea do Carmo, alvo de preocupação da prefeitura durante sucessivas administrações devido às cheias do rio Tamanduateí e às constantes inundações que ocorrem na região.

Na fotografia de Becherini, observamos o amplo espaço ocupado pela várzea, formando um descampado favorável ao estacionamento e ao trânsito de animais de carga que traziam mercadorias para o comércio. Ao centro da imagem, embaixo das árvores à beira do rio Tamanduateí, ficava o Mercado dos Caipiras, onde trabalhadores pobres da cidade, comerciantes e produtores roceiros vendiam alimentos e outras mercadorias. A região da várzea se configurava como território popular e espaço de sobrevivência, sobretudo para os trabalhadores de origem nacional. Nas imediações, estacionavam viajantes e tropeiros que chegavam à cidade, muitos em direção ao mercado, além de inúmeras mulheres que trabalhavam como lavadeiras às margens do Tamanduateí.

---

26 Cf. Hesse-Wartegg, viajante alemão. *In: Nosso Século – 1910 a 1930, op. cit.*, p. 29.

Várzea do Carmo por volta de 1919.

Vale do Anhangabaú por volta de 1905. Ao centro, o ribeirão Anhangabaú, com pontes, pinguelas e plantações, e, ao fundo, o viaduto do Chá. Vista em direção ao sul de São Paulo.

Pensar sobre sítios, chácaras, quintais e várzeas localizados ao redor do centro de São Paulo faz refletir sobre a participação desses espaços na configuração socioeconômica do município. Propriedades como a chácara do Ferrão, estabelecida na região da várzea do Carmo, sediavam ranchos para pouso de tropeiros, para onde convergiam inúmeros lavradores e comerciantes vindos de áreas rurais mais distantes em direção ao Mercado dos Caipiras. Algumas áreas de cultivo eram simplesmente moradias com grandes quintais, nas quais se mantinham pomares, hortas e plantações diversas, como a chácara D. Oliva, espremida entre a ladeira do Carmo e o solar da Marquesa de Santos.

Na chácara do Barão da Limeira, limitada a oeste pelo caminho para Santo Amaro e a leste pelo vale do Anhangabaú, região em que hoje está a avenida 23 de Maio, funcionavam depósitos de chifres. No bairro da Liberdade, ficava o Matadouro Municipal, ao lado do qual se mantinham quatro chácaras grandes, e no Vale do Anhangabaú, ao longo do ribeirão, até a segunda década do século XX eram cultivadas diversas espécies de hortaliças e frutas.

Comentando sobre a presença marcante dessas terras, Benedito Toledo de Lima destaca que "Apesar do nome, essas propriedades, que chegaram até o nosso século, não tinham preponderantemente funções agrárias; eram, antes, moradias desafogadas e implantadas em meio a pomares e denso arvoredo. Uma forma de viver, nem urbana, nem rural, ou conciliadora de ambas"[27]. Na visão desse autor, a função de chácaras e sítios era fundamentalmente residencial. A partir desse olhar, as atividades de produção agrícola são encaradas como práticas complementares aos modos de vida e à subsis-

---

27 Benedito Lima de Toledo, *op. cit.*, p. 13.

tência dos moradores, configurando uma São Paulo onde as áreas urbanizadas ainda não tinham força para se sobrepor às áreas rurais, nem sequer distinguindo-se delas.

Nas últimas décadas do século XIX, essa configuração geográfica e social ainda composta de forma indistinta pelo elemento urbano e pelo rural passou por grandes modificações. Entre elas, destacam-se os loteamentos e o consequente surgimento de novos bairros. Segundo Benedito Lima de Toledo[28], os mapas produzidos no final do século XIX sempre dão a impressão de estar inacabados. São construídos desse modo porque, da área mais próxima ao centro, já loteada e arruada, saíam longos caminhos que deram origem a outros loteamentos, deixando entre si largos espaços vazios. Verificando os mapas desse período, nota-se que as lacunas territoriais mencionadas por Toledo são compostas de terrenos baixos e alagadiços, chácaras e sítios, alguns dos quais continuaram sendo utilizados para cultivo até os anos 1920.

Entremeados por inúmeras chácaras, surgiam, na primeira década do século XX, ao sul, os bairros da Liberdade e da Vila Mariana, na direção de Santo Amaro. Os campos do Bexiga, entre 1880 e 1890, foram ocupados pelo bairro da Bela Vista, e o bairro da Consolação surgiu no caminho para Pinheiros. Para oeste, formaram-se Santa Ifigênia, Campos Elíseos e Barra Funda, enquanto a Vila Buarque ainda começava a despontar.

Na direção leste, separados pela várzea do Tamanduateí, ao redor das estações da ferrovia Central do Brasil e em terrenos de várzeas a baixo preço, foram sendo loteados e formados lentamente os primeiros bairros operários, como Brás, Belenzinho, Mooca, Luz e Bom Retiro. O Pari já estava unido ao Brás, e a avenida Rangel Pestana unia o centro a esse bairro, terminando no largo da Concórdia e estendendo-se até a Penha pela avenida da Intendência.

Ao norte, para além do bairro da Luz, a avenida Tiradentes alcançava a margem do Tietê e punha a cidade em contato com a região da Cantareira, através de Santana. Já arruados, mas distantes, surgiam os bairros do Ipiranga e da Vila Prudente.

---

28 Benedito Lima de Toledo, *op. cit.*, p. 68.

Entretanto, continuavam a existir em plena cidade grandes espaços vazios separando zonas densamente ocupadas. Assim acontecia no início da rua Augusta e vizinhanças, no trecho entre as ruas Santo Amaro e Frei Caneca, entre a avenida Brigadeiro Luís Antônio e a Liberdade e também no Cambuci. Esses lugares correspondiam a áreas de topografia irregular, onde se localizavam as cabeceiras de ribeirões e afluentes da margem esquerda do rio Tamanduateí (rio Lavapés, ribeirão Anhangabaú e córrego Saracura)[29].

Assim, no final do século XIX, havia o embate incessante entre o esforço de urbanização da cidade e as regiões de várzea, os terrenos baldios e as chácaras. Com a construção de pontes, aterros, viadutos, retificações e canalizações de rios, buscava-se aproximar e unir os bairros até então isolados uns dos outros pela topografia irregular da cidade. Um bom exemplo disso é a construção do viaduto do Chá, em 1892, viabilizando a ligação entre o centro velho e a "cidade nova", formada pelos bairros Consolação, Vila Buarque, Campos Elíseos, Higienópolis, pela avenida Paulista etc. A construção do viaduto do Chá também ilustra as disputas entre diferentes concepções de cidade: apesar de aprovada em 1877, ela só foi concluída em 1892, porque, entre outros obstáculos, precisou vencer a resistência da Baronesa de Itapetininga contra a desapropriação de suas terras no vale do Anhangabaú.

Com o enriquecimento gerado pela cafeicultura na transição para o século XX, a cidade de São Paulo torna-se alvo de investimentos de fazendeiros, banqueiros e comerciantes que percebiam o espaço urbano como páginas em branco para seus projetos de urbanização, como objeto de especulação imobiliária e fonte de renda. Aliando idealizações culturais que tinham como modelo as grandes e "civilizadas" cidades europeias, as elites procuravam intervir no município por meio do poder público, utilizando a legislação e a máquina administrativa na tentativa de apropriação das ruas, terrenos, casas e espaços públicos onde vivia e trabalhava a população pobre.

---

29 Cf. Pasquale Petrone, "A cidade de São Paulo no século XX", *Revista de História*, São Paulo, 1955, v. 10, n. 21-22, pp. 136-9.

Um dos instrumentos utilizados pela prefeitura para eliminar os espaços que considerava indesejáveis era o Serviço Sanitário municipal, órgão que, a partir de setembro de 1893, foi reorganizado com o objetivo de diminuir a participação de outras instâncias e assumir a maioria dos serviços de fiscalização e saneamento público. Essa transferência de poderes deveu-se à intervenção das classes dirigentes de São Paulo, interessadas em controlar o maior instrumento da autoridade sanitária de acordo com os seus interesses.

> [...] os oponentes da saúde pública no congresso tornaram-se mais veementes depois de 1892. Críticos, como o deputado Pereira dos Santos, defendiam a opinião de que a atividade estadual nessa área constituía uma afronta aos direitos municipais tradicionais. Também Herculano de Freitas, um crítico habitual da legislação de higiene, condenou o governo por ter interferido no direito das câmaras e dos indivíduos. Em face desses problemas administrativos, financeiros e legislativos, Bernardino de Campos e seu Secretário do Interior, Cesário Motta Júnior, decidiram diminuir as responsabilidades da organização estadual em favor das câmaras municipais[30].

No final do século XIX, as ações do Serviço Sanitário Municipal eram coordenadas por um dos braços do poder executivo: a Intendência de Justiça, Polícia e Higiene, que se voltava para a fiscalização de casas de comércio, mercados, matadouros, fábricas e instituições como asilos, quartéis e maternidades. Em 1895, o serviço é novamente regularizado em forma de lei, especificando-se as prioridades que os fiscais sanitários deviam obedecer. Havia preocupação com o "perigo" das aglomerações de populares, determinando que fossem combatidos os ajuntamentos de pessoas em espaços restritos. Além disso, foi legalizado o direito de extinção de quaisquer habitações

---

30 John Allen Blount III, "A administração da saúde pública no Estado de São Paulo: o Serviço Sanitário, 1892-1918", *Revista de Administração de Empresas*, Rio de Janeiro, v. 12, n. 4, dez. 1972, p. 42.

populares, sobrados, cortiços, terrenos ou casas de comércio, quando sob alegação de insalubridade. Os fiscais sanitários deveriam "ter em especial atenção os prédios de habitação coletiva, hotéis, colégios, hospitais, casas de saúde, cortiços e estalagens, estabelecendo a respectiva lotação de acordo com a área por cada um ocupada, ordenando as alterações que julgar convenientes e o fechamento daqueles que apresentarem defeitos insanáveis e que devam ser condenados por insalubres"[31].

Reformas urbanas e fiscalização sanitária – com vistas à especulação imobiliária – foram alguns dos instrumentos das classes dirigentes para se apropriar dos espaços onde vivia e circulava a população pobre, expulsando os trabalhadores para os bairros mais longínquos, o que resultava no desaparecimento de algumas áreas de cultivo existentes próximas às áreas urbanas.

No relatório do prefeito Raymundo Duprat apresentado à Câmara Municipal em 1911, justifica-se a escolha do projeto do engenheiro francês Bouvard para a reforma da cidade de São Paulo – a construção de parques no vale do Anhangabaú e na várzea do Carmo, o prolongamento das ruas Dom José de Barros, o alargamento das ruas Líbero Badaró, Formosa e São João – em detrimento de outros projetos aprovados ainda na gestão de Antonio Prado. As propostas de "melhoramentos" para a capital são esboçadas nesse documento e se percebe nelas a participação de grandes empresários e membros da elite econômica com interesses claramente voltados para a exploração econômica dos espaços e para a redefinição dos seus usos.

> Propunha o referido grupo a obter uma "concessão" para, por si, empresa ou companhia, construir nesta capital três largas e extensas avenidas, com todos os melhoramentos modernos, a exemplo do que se tem feito nas grandes e mais adiantadas cidades. [...] Tais avenidas cortar-se-iam formando no local do cruzamento uma grande praça, cujo centro ficaria destinado a nele ser oportunamente

---

31 Lei n. 134, de 27 de novembro de 1896. *In: Leis e Resoluções do município de São Paulo*, São Paulo: Casa Vanorden, p. 136.

erigido um majestoso monumento alusivo à cidade e ao Estado de São Paulo. Para levar a cabo o programa exposto pediam os signatários vários favores, além de outros, quanto às desapropriações, garantia de juros para o capital empregado e isenção de direitos de importação para os materiais[32].

Pretendendo "redesenhar" a cidade, as elites cobram do poder público o direito de desapropriação por meio do qual poderiam deslocar os territórios de populares para áreas mais distantes. Além disso, exigiam outras regalias que tornariam seus investimentos seguros e extremamente lucrativos, obtendo dos cofres públicos grandes somas de dinheiro para seus empreendimentos.

Na primeira década do século XX, os boatos de que o centro passaria por uma grande e custosa reforma serviram de justificativa para alavancar os preços dos aluguéis, provocando um verdadeiro êxodo do centro para os bairros populares distantes, como Belenzinho, Tatuapé, Penha, Santana, Lapa, Ipiranga, entre outros. Essa foi a primeira investida das autoridades para eliminar os cortiços, casebres, sobrados, terrenos e chácaras onde moravam populares, retirando-os da paisagem que pretendiam construir, numa verdadeira operação de "limpeza".

Em seguida, a efetivação das reformas urbanísticas por meio de desapropriações, demolições, alargamento de ruas e calçamentos procurava moldar uma cidade ideal, determinando funções para cada espaço[33]. No centro estariam as atividades financeiras e comerciais, nos bairros altos residiriam as famílias abastadas, primeiro em Campos Elíseos, depois Higienópolis, Pacaembu, até chegar à avenida Paulista. Nas fotografias seguintes, observamos as mudanças na região da várzea do Carmo remodelada pelas reformas urbanas.

---

32 Raymundo Duprat, Relatório de 1911, apresentado à Câmara Municipal de São Paulo, São Paulo: Casa Vanorden, 1912, pp. 5-6.

33 Raquel Rolnik, *Cada um no seu lugar! São Paulo, início da industrialização: geografia do poder*, dissertação (Mestrado em arquitetura e urbanismo), São Paulo: FAU-USP, 1981, pp. 140-3.

Várzea do Carmo, 1900. Na margem oposta do Tamanduateí, estavam o Mercado dos Caipiras e a rua 25 de Março.

Sobrevivendo como área de pastagens e estacionamento de animais, e sujeita a inundações frequentes até a efetiva retificação do rio Tamanduateí, no final dos anos 1920, a várzea do Carmo só teve sua urbanização completa concretizada no início da década de 1930. Com o traçado de ruas pavimentadas e a arborização planejada, foi nesse momento que passou a ser chamada de parque Dom Pedro II. A construção do parque, embelezado pelo calçamento regular e transformado em lugar de passeio, inviabilizou o uso da margem do rio como parada de comerciantes que vinham ao Mercado 25 de Março e redefiniu o uso da área.

Foram alargadas, entre outras, as ruas Quintino Bocaiúva, Benjamim Constant, Senador Feijó, Libero Badaró e São João. Nessa última, localizava-se o Mercado de São João, o segundo mais frequentado da cidade naquela época. Atingido pelas reformas urbanas entre 1915 e 1916, ele acabou deslocado para debaixo do viaduto Santa Ifigênia.

Inicia-se o alargamento da avenida São João, pela demolição, na praça Antonio Prado, da Confeitaria Castelões e da Chapelaria Alberto. Encontra o Mercadinho e derruba-o, e, ao sair do largo Paissandu, deixa em pé, por longo tempo, o primeiro prédio do lado par[34].

Uma análise panorâmica das ações de prefeitos como Antonio Prado, Raimundo Duprat e Washington Luís a partir de seus relatórios anuais permite verificar que seus interesses voltavam-se para obras de embelezamento da cidade

---

34 Jorge Americano, *São Paulo nesse tempo: 1915-1935*, São Paulo: Melhoramentos, 1962, p. 20.

por meio do alargamento de ruas, construção de praças, parques e investimentos vultosos, como a edificação do Theatro Municipal. Pouca ou nenhuma atenção voltaram para as necessidades da população trabalhadora, que se avolumava nos bairros mais distantes, vivendo com poucos recursos, enfrentando problemas de transporte, falta de alimentos e aluguéis cada vez mais altos.

Propondo grandes intervenções no espaço da cidade, o poder público deslocou trabalhadores que resistiam em permanecer nas áreas centrais para as regiões menos valorizadas, próximas às linhas férreas, onde se instalavam as fábricas e a população operária.

No contexto das reformas urbanas das décadas de 1890 a 1910, novas remodelações ocorreram: com o alargamento das ruas da Esperança, Capitão Salomão, São Gonçalo, Líbero Badaró e dos largos da Sé e do Rosário (este transformado na praça Antonio Prado), antigas e pequenas moradias desapareceram e seus habitantes foram deslocados para outros pontos da cidade, quase sempre em regiões pantanosas e de várzea, onde se formavam os bairros populares: Brás, Mooca, Bom Retiro, Belenzinho, Barra Funda, Água Branca, Lapa, entre outros.

A maioria desses lugares se ligava ao núcleo central da cidade unicamente pela via férrea e, no começo do século XX, somente os bairros mais próximos ao centro, como o Brás e a Luz, contavam com redes de esgoto e serviços de bonde. Apesar dessas mazelas, o valor dos aluguéis aumentava continuamente, dificultando a subsistência das famílias de trabalhadores, enquanto outro sintoma de crise também marcava a transição para o século XX: o encarecimento dos gêneros de primeira necessidade.

Os alargamentos de ruas, as construções de praças, parques e edifícios públicos, as desapropriações e os calçamentos atingiram diretamente os pequenos produtores

Parque Dom Pedro II, por volta da década de 1920. Observar ao fundo os mercados 25 de Março e Caipira.

de gêneros de subsistência que viviam na cidade, engolindo boa parte dos terrenos, quintais e chácaras onde existiam pomares, hortas e criação de animais.

Apesar dessas transformações que começavam a marcar a paisagem urbana no final do século XIX, os relatos de viajantes, as crônicas e memórias sobre o cotidiano da população apontam para a permanência de hábitos e costumes considerados provincianos e até coloniais. Alguns aspectos da ocupação da cidade chamam a atenção nesses relatos, como as inúmeras chácaras que ainda mantinham plantações e criação de animais, a existência de poucos edifícios dignos de registro, as ruas e caminhos estreitos e sem calçamento e os transportes feitos em carros de boi, carroças, cavalos, bondes puxados por burros etc.

Entre os anos finais do século XIX e as duas primeiras décadas do XX, alguns relatos e fotografias compõem uma imagem de cidade marcada por um crescimento rápido, mas desordenado, que criava formas diferenciadas de ocupação dos espaços, alternando áreas densamente ocupadas por moradias, oficinas e chácaras com outras em que predominavam descampados, matas, várzeas e beiras de rios – era nestas áreas, onde ainda não havia distinção clara entre o urbano e o rural, que grande parcela da população pobre encontrava condições para sua sobrevivência.

> As margens do Tietê eram sombreadas por frondosas árvores [...]. Os córregos que nele deságuam, principalmente o Tatuapé, também nos apresentavam rica fauna ictiológica. Mais acima para os lados da Penha, o rio absorvia o Aricanduva. Era comum verem-se negras, quase nuas, saias sungadas, com uma bolsa de pano a tiracolo e peneira na mão, mariscando pela vegetação ribeirinha, apanhando peixes de toda sorte [...]. A peneira era usada, outrossim, para a pesca de camarões, quando chegava o tempo da vazante [...][35].

---

35 Jacob Penteado, *Memórias de um postalista*, São Paulo: Livraria Martins Editora, 1963, p. 163.

Até mesmo em regiões muito próximas ao núcleo central da cidade – como a região do Bixiga, o Anhangabaú e a várzea do Carmo –, lavava-se roupa, cortava-se lenha, plantavam-se hortas, pescava-se, colhiam-se ervas e outros produtos que depois seriam vendidos pelas ruas e nos mercados populares existentes em torno do largo da Sé e na várzea do Carmo. A memória de antigos moradores permite uma aproximação um pouco maior dessa antiga São Paulo: "No tempo anterior à Primeira Guerra, a cidade era diferente. [...] Pinheiros era um matagal, agora é centro. Lapa é centro. Até Penha é centro. Entre o centro e Pinheiros havia uma estrada de terra, com chácaras à margem, portugueses plantando. A Vila Mariana era toda chácaras de portugueses plantando suas hortaliças"[36].

Nota-se outro indício dessas continuidades entre o elemento rural e o urbano no encaminhamento da questão das terras devolutas ainda existentes na capital até meados dos anos 1910. Para realizar o levantamento desses espaços no estado de São Paulo, foram formadas cinco comissões encarregadas de discriminá-los e medi-los. No documento resultante desse levantamento, são especificados os lugares onde havia terras não registradas pelo estado, inclusive na cidade de São Paulo: "Na Comarca da capital ficaram discriminados os terrenos situados na 5ª e 6ª paradas da Estrada de Ferro Central do Brasil. [...] A discriminação das terras devolutas nos lugares denominados Saúde, Matadouro, Cupecê e Ipiranga, no Município da Capital, correm conforme termos legais"[37]. Esse mapeamento identificou desde terrenos situados próximos ao centro – na Mooca e nas imediações da avenida Paulista, por exemplo – até espaços em bairros situados nos perímetros suburbano e rural[38].

---

36 Lembranças do Sr. Antônio, *in:* Ecléa Bosi, *Memória e sociedade: lembrança de velhos*, São Paulo: T. A. Queiroz, 1983, p. 176.

37 Secretaria dos Negócios da Agricultura, Comércio e Obras Públicas do Estado de São Paulo. Relatório apresentado ao Sr. Carlos Augusto P. Guimarães, vice-presidente do Estado em exercício, pelo Dr. Paulo de Barros, Secretário do Estado, 1912-1913, São Paulo: Typ. Brasil de Rothschild, 1914, p. 165.

38 *Ibidem.*

De acordo com o relatório, 466 indivíduos procuraram as autoridades para confirmar a posse de seus terrenos, enquanto muitos outros desejavam legalizar a posse das terras onde viviam. Nesse processo, salta aos olhos o grande número de interessados na área paulistana devido ao aumento do valor de seus terrenos no início do século XX. Entre os indivíduos que procuraram a comissão, é possível que houvesse trabalhadores de sítios e chácaras considerados devolutos procurando legalizar seus espaços de cultivo e moradia.

Na imagem acima à esquerda, de 1913, tirada da torre da Estação da Luz, vê-se, em primeiro plano, o Jardim da Luz. Ao fundo, visualiza-se a Zona Norte de São Paulo – nesse ponto da imagem, é interessante observar as grandes áreas de vegetação e os amplos espaços que ainda não eram ocupados por moradias e construções.

Zona Norte de São Paulo, 1913.

Zona Leste de São Paulo, 1913.

Na imagem à direita na página anterior, obtida a partir da torre da Estação da Luz, desta vez mirando a Zona Leste, observamos, ao fundo, os espaços vazios na região do Brás, da Mooca e da várzea do Carmo.

Essa fotografia permite visualizar a extensão dos espaços não urbanizados: várzeas, terrenos alagadiços e terras baixas muitas vezes definiam os limites da urbanização nos locais em que geralmente morava ou trabalhava a população pobre – e que não contavam com serviços urbanos como água, redes de esgoto e linhas de bonde.

Além dos loteamentos, as reformas urbanísticas da capital também interferiram na manutenção de lavouras próximas ao centro, deslocando algumas atividades para regiões no entorno da cidade. Primeiramente, do centro para as áreas pantanosas e de várzea; depois, para espaços mais distantes, como São Bernardo, Mogi das Cruzes, Santana do Parnaíba, Santana, Guarulhos (Nossa Senhora da Conceição de Guarulhos), Nossa Senhora do Ó, Mairiporã (Juqueri), entre outras localidades que, desde o século XVII, forneciam alimentos para São Paulo.

A partir dos lugares de origem de comerciantes das áreas rurais presentes nos relatos de cronistas, memorialistas e documentos administrativos, identificam-se alguns caminhos habitualmente utilizados por tropeiros e viajantes para o comércio de alimentos. A maioria desses trajetos existia desde o século XVIII, interligando antigas freguesias paulistanas e paulistas à cidade de São Paulo, onde existiam lavouras de cereais, verduras e legumes, além da criação de animais de corte. Nazaré, Mogi das Cruzes, Santa Isabel, Arujá, Poá, Guarulhos, Juqueri, Cotia, Jundiaí e Santana do Parnaíba eram algumas das localidades, entre muitas outras, que produziam para o abastecimento de São Paulo. Constantemente percorridos por tropeiros com mulas, carroças e carros de boi, alguns percursos eram bastante difíceis. Somavam-se às dificuldades os inúmeros problemas do transporte com animais e as distâncias, que, em algumas situações, podiam levar dias para serem percorridas.

- São Paulo – Nazaré – Santa Isabel: uma estrada saía daquela que ia para o Rio de Janeiro na altura da Penha de França. No interior dos limites da capital e até a junção com o caminho do Rio de Janeiro, essa estrada contava 24 km;
- São Paulo – Atibaia: 42 km;
- São Paulo – Nossa Senhora do Ó: 12 km [...];
- São Paulo – Santo Amaro: 9 km[39].

Para se ter a real dimensão do tempo necessário para os comerciantes percorrerem as distâncias, é preciso considerar que o percurso muitas vezes era realizado no lombo de animais, exigindo esforços na condução dos muares carregados de sacos e volumes de mercadorias, além das dificuldades enfrentadas em terrenos acidentados e dos possíveis problemas com as carroças e instrumentos de tração.

Os trajetos realizados por tropeiros de Santo Amaro e de Nossa Senhora do Ó até São Paulo eram relativamente curtos, percorrendo-se 9 e 12 quilômetros em aproximadamente um dia, mesmo para o transporte de cargas numerosas. Nas zonas de produção de Santana, Itaquera, Penha, Cotia, Itapecerica e Guarulhos, os lavradores encontravam condições mais favoráveis ao transporte de alimentos para o centro de São Paulo, realizando viagens que duravam uma média de dois dias. Os trajetos mais longos, desde Nazaré, Santa Isabel, Atibaia e Mogi das Cruzes, levavam mais de dois dias de viagem. Como o transporte por muares algumas vezes poderia se tornar oneroso, as áreas de produção mais distantes de São Paulo tendiam a utilizar com maior frequência a linha férrea, enquanto nas viagens mais curtas os produtores e comerciantes continuaram utilizando o transporte por tropas durante mais tempo.

O aumento dos impostos territoriais nos anos 1920 dificultava a preservação de espaços semirrurais dentro da área urbana de São Paulo, obrigando proprietários de

---

39 Maria Luiza Marcílio, *A cidade de São Paulo: povoamento e população (1750-1850)*, São Paulo: Pioneira/Edusp, 1973, p. 51. Os dados apresentados pela autora dizem respeito à distância entre a capital e os núcleos de população vizinhos.

terrenos, grandes quintais e pequenas chácaras a se transferir para áreas mais distantes da cidade. Foi o caso de alguns chacareiros portugueses que abandonaram suas chácaras ou as deslocaram para bairros populares em função do avanço da ocupação urbana, sendo pressionados à mudança pelo encarecimento dos impostos territoriais que a urbanização trazia consigo – note-se que, entre os pequenos produtores rurais nos arredores de São Paulo, havia agricultores de origem estrangeira:

> [...] os novos arruamentos e a necessidade de aproveitar o mais possível o espaço urbano ocasionaram o deslocamento de numerosas chácaras de flores ou de legumes, até então localizadas em plena cidade. Tais fatos começaram a registrar-se a partir de 1920, principalmente, quando muitos chacareiros portugueses, em grande maioria, transferiram suas atividades para a área suburbana, deixando suas chácaras localizadas na Água Branca, em Vila Pompeia, na Lapa, no Tatuapé, na Penha, no Itaim-Bibi, em Santana, na casa Verde etc.[40].

As chácaras a que o autor se refere estavam dentro da cidade, nos bairros populares habitados por operários e outros trabalhadores de origens nacional e estrangeira. A presença de áreas de cultivo em plena década de 1920 aponta para a resistência de formas de sobrevivência ligadas ao aproveitamento da terra praticadas por estrangeiros. Os portugueses citados poderiam ser imigrantes que, ao aportar no Brasil, investiram seus esforços em lavouras, produzindo para si e para a venda de excedentes, como faziam muitos trabalhadores nacionais. Essa prática era comum também entre imigrantes de outras nacionalidades, principalmente entre italianos, cuja origem agrária os favorecia por conta dos conhecimentos sobre plantio e cuidados com a terra.

---

40 Aroldo Edgard de Azevedo, *A cidade de São Paulo – estudos de geografia urbana: os subúrbios paulistanos* (v. IV). São Paulo: Nacional, 1958, p. 9.

CIDADE DE SÃO PAULO – 1924
PERÍMETROS CENTRAL, URBANO, SUBURBANO E RURAL

- ■ Perímetro central
- ■ Perímetro urbano
- ▨ Perímetro suburbano
- ▦ Perímetro rural

No mapa ao lado, é possível perceber uma rápida ampliação do perímetro urbano da cidade de São Paulo, cobrindo espaços que até 1900 eram considerados rurais.

De acordo com o mapa de 1924, eram considerados rurais os bairros de Nossa Senhora do Ó, Penha, Butantã, Santo Amaro, parte de Pinheiros e da Vila Prudente, quase todo o bairro de Indianópolis, entre outros espaços. Até o início da década de 1920, os trilhos dos bondes elétricos da São Paulo Tramway Light and Power não atendiam o alto da Mooca e a Vila Gomes Cardim, tampouco atingiam os bairros Casa Verde, Nossa Senhora do Ó, Butantã, Saúde e Vila Clementino. A oeste, não havia trilhos nos bairros da Pompeia, Vila Leopoldina, Cerqueira César, entre outros. Como as linhas de bonde destinavam-se aos espaços onde a população podia pagar pelo transporte, pressupõe-se que as áreas excluídas por esses serviços constituíam zonas de pobreza e de baixo índice de urbanização.

Na década de 1960, o geógrafo brasileiro Pasquale Petrone identificou uma

Planta da cidade de São Paulo, 1924.

área de produção agrícola em torno de São Paulo à qual deu o nome de "cinturão caipira". Tratando desses espaços, Petrone relaciona a ausência de investimentos agrícolas e industriais nos arredores de São Paulo com o modo como as comunidades de lavradores aí instaladas utilizavam a terra. A permanência de determinados elementos do modo de vida das comunidades de roceiros, como a coivara[41], é apontada pelo autor como responsável pelo empobrecimento do solo e subdesenvolvimento dessas áreas. Sua análise vai mais longe, responsabilizando pequenos chacareiros e lavradores que viviam em economia de subsistência pelo mal aproveitamento das áreas próximas à capital.

> A antiguidade do povoamento no Planalto Paulistano, com uma utilização do espaço fundamentada em sistemas e técnicas que levam ao depauperamento do solo, as condições peculiares da área, com características particulares e solos naturalmente pobres, somados aos fatos relativos ao cinturão de terras dos aldeamentos, contribuem para explicar por que, nos arredores de São Paulo, não se definiram formas de organização do espaço fundamentadas em atividades comerciais rentáveis e que, inevitavelmente, iriam influir no desaparecimento dos traços de cultura caipira aí enraizados. Daí decorre que a presença do citado cinturão de terra dos aldeamentos deve ser correlacionada com a permanência, praticamente até os dias atuais, de um cinturão caipira em torno de São Paulo[42].

Nesse sentido, a memória construída sobre essa região – que a análise de Petrone reforça e alimenta – desqualifica o modo de vida das populações rurais paulistas, defendendo a utilização do espaço para fins lucrativos e lamentando que a apropriação capitalista de terrenos, chácaras e sítios não atingisse ainda essa

---

41 Prática de limpeza do solo utilizada desde o período colonial, em que se realiza a queimada de determinada área para fins de plantio, aproveitando a vegetação destruída como adubo.

42 Pasquale Petrone *apud* Amália Inés Geraiges de Lemos e Maria Cecília França, *Itaquera: história dos bairros de São Paulo*, São Paulo: DPH, 1999, pp. 38-9.

O mapa organizado por Pasquale Petrone destaca o "cinturão caipira" em torno de São Paulo e identifica aldeamentos indígenas existentes no século XIX e os principais núcleos produtores de alimentos no século XX.

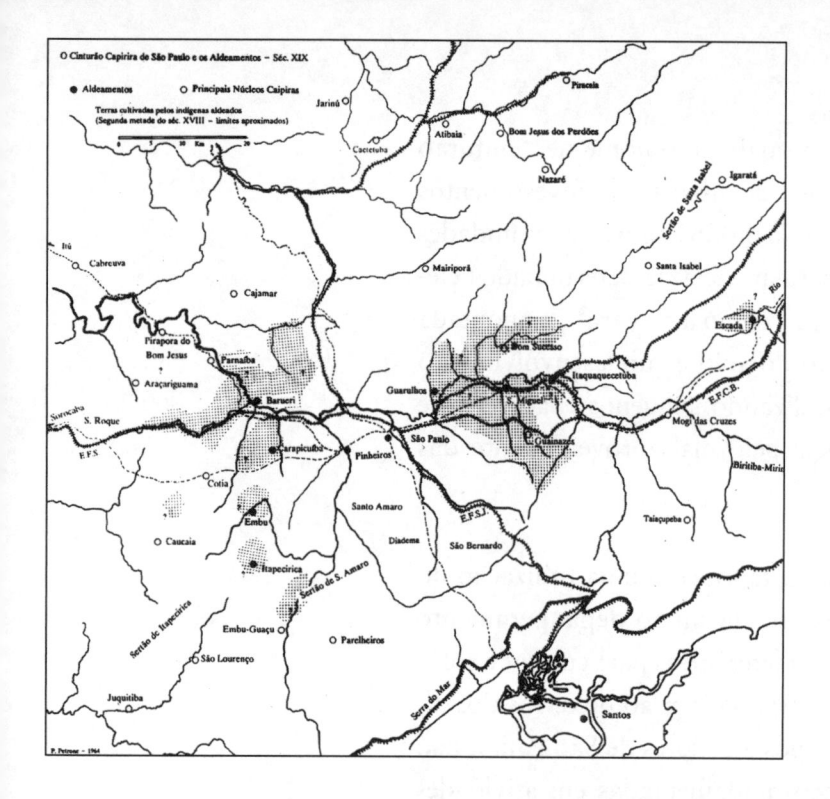

região, pois, segundo essa ótica, a posse da terra por "homens de negócio" seria sinônimo de "desenvolvimento" para essas áreas.

No mapa ao lado, elaborado por Petrone, é possível visualizar as principais áreas de concentração de lavouras onde viviam os trabalhadores livres envolvidos com a produção e a comercialização de gêneros alimentícios na cidade de São Paulo, na região que esse autor designava como "cinturão caipira".

Comparando o mapa de 1874 (nas páginas 206 e 207) com este organizado por Petrone, notam-se não só os "bairros rurais" de São Paulo, como Pinheiros, Santo Amaro, São Miguel e Guaianazes, mas também os municípios de Cotia, Santana do Parnaíba, Mairiporã, Bom Sucesso[43], São Bernardo e Diadema, Itaquaquecetuba e Itapecerica da Serra, caracterizando uma identidade rural voltada para a produção de alimentos até os anos 1960. É interessante notar que alguns caminhos ligando bairros e municípios produtores à capital (que aparecem pontilhados no mapa de Petrone) convergiam para pontos comuns. Exemplos disso eram o trajeto feito de Parnaíba até São Paulo e o de Cotia para a capital, ambos atravessando a região de Pinheiros. Isso pode ter relação com a edificação do Mercado Rural de Pinheiros, em 1910, local de confluência de tropeiros e viajantes com mercadorias. O mercado destinava-se à venda de gêneros alimentícios, animais de corte, terras e materiais para construção como madeira, lenha, areia, pedregulho e instrumentos agrícolas.

---

43 Hoje, distrito de Bonsucesso, pertencente ao município de Guarulhos.

A população pobre encontrava sérias restrições para sua locomoção no sistema de bondes. Em funcionamento desde 1897, a Viação Paulista oferecia bondes movidos por tração animal, sendo permitido o carregamento de pequenos volumes, como pacotes, sacolas e pequenas caixas de mercadorias. Contudo, essa empresa não sobreviveu às pressões da São Paulo Tramway Light and Power Company Limited, que, em leilão judicial ocorrido em abril de 1901, arrematou todo o seu patrimônio. Introduzindo o bonde elétrico na cidade, a Light, como era conhecida, estendeu seus trilhos pelos espaços mais rentáveis de São Paulo, aumentando, ao mesmo tempo, o valor das tarifas de transporte[44].

Logo no início, a empresa canadense extinguiu o bonde de segunda classe com tarifa de 100 réis, mantendo em funcionamento somente o bonde elétrico de primeira classe, em que se pagavam 200 réis. Rapidamente tirou de circulação os bondes movidos por tração animal, para os quais era possível oferecer passagens mais baratas. Associando-se aos projetos de remodelação da cidade levados a cabo na transição para o século XX, a Light assentou trilhos em espaços onde viviam e transitavam as pessoas com maior poder aquisitivo: no centro antigo e em bairros planejados como Campos Elíseos, Higienópolis e na avenida Paulista.

O contexto e a forma de implantação do bonde elétrico, como privilégio das classes médias, teve o papel de contribuir para afirmar o *status* social que esses grupos almejavam no processo de formação da cidade, na virada do século 19 para o 20. Ter o serviço de bonde e demais infraestrutura à disposição nos locais de circulação eram elementos que diferenciavam os diversos segmentos sociais, seja pelo modo como se organizavam ou como se apropriavam dos espaços e serviços da cidade[45].

---

44 Raquel Nascimento, *Os bondes elétricos – chegada e travessia na cidade de São Paulo: 1900-1914*, disssertação (Mestrado em história social), São Paulo: PUC, 2002, p. 24.

45 *Ibidem*, p. 70.

De acordo com Nascimento, o valor das passagens e as normas de funcionamento dos bondes barravam o acesso das classes mais pobres ao serviço e definiam uma clientela preferencial. Até 1908, o uso dos bondes para transporte de mercadorias, para acesso de consumidores aos mercados públicos municipais ou para outros fins ficava restrito às pessoas com dinheiro suficiente para custear passagens de 200 réis na primeira classe. Considerando que os bilhetes eram pagos por seção, que a cidade estava dividida em três seções e que cada seção media três quilômetros, pode-se avaliar que as viagens nos bondes tornavam-se muito caras: considerando o percurso médio, geralmente o usuário utilizava três seções e gastava 600 réis na ida e 600 na volta.

Além da dificuldade de acesso gerada pelos preços altos, o regulamento interno da Light impunha restrições ao uso dos bondes por comerciantes e pequenos produtores de alimentos que viviam em São Paulo, bem como por consumidores dos mercados públicos municipais:

> Não deverão ser admitidos nos carros: pessoas que tragam consigo qualquer objeto que, por sua natureza ou volume, possa incomodar aos demais passageiros: – parágrafo 2 – volumes pequenos e de aparência limpa, tais como caixas de chapéus etc., podem ser admitidos na plataforma da frente. O condutor registrará no relatório os volumes transportados. Esses objetos pagarão como se fossem passageiros, exceto das 6 às 9 horas da manhã e das 6 horas da tarde às 8 horas da noite, em que gozarão transporte gratuito[46].

A criação dessa medida visava selecionar o público usuário dos bondes, impedindo que pessoas de poucos recursos – incluindo-se aí os trabalhadores pobres, como ambulantes, vendedores de alimentos e quinquilharias – utilizassem o serviço. Permitindo o transporte gratuito de pequenos volumes apenas no início da manhã, das 6 às 9 horas, e ao final da tarde e início da noite, das 18 às 20 horas,

---

46 Regulamento da Seção de Tração, de 1911, art. 33, *apud* Raquel Nascimento, *op. cit*, p. 73.

cobrando preços que chegavam a 600 réis para ida e 600 para volta, a Light inviabilizava o uso frequente dos bondes por comerciantes e pequenos produtores de gêneros alimentícios, que tinham como alternativa o transporte de mercadorias em carroças e no lombo de mulas.

Com o monopólio da Light, a inexistência do bonde de segunda classe prejudicava os trabalhadores que necessitavam do transporte coletivo, já que algumas profissões precisavam carregar mercadorias e ferramentas. Nascimento, pesquisando o jornal *Diário Popular*, nota que os trabalhadores e consumidores que, "no tempo da Viação Paulista", utilizavam o bonde para ir aos mercados municipais, sentiam-se prejudicados com a falta do transporte de segunda classe. Isso significa que os bondes da Viação Paulista eram utilizados por comerciantes e produtores que necessitavam levar mercadorias aos mercados públicos, bem como por consumidores e revendedores que necessitavam buscá-los. Um dos atrativos dessa empresa era permitir o transporte de caixas e volumes sem nenhum ônus para o passageiro, enquanto a Light taxava os objetos ou mercadorias conduzidas, proibindo, ainda, pacotes ou caixas de grandes dimensões[47].

Como vimos, a tarifa de 200 réis e a exigência de pagamento por volumes transportados limitavam a utilização do serviço para muitos trabalhadores – certas viagens ainda demandavam a utilização de mais de um carro e o pagamento de outras passagens. Somente em 1909, após um intenso conflito entre as autoridades municipais e a direção da Light, foram instalados os bondes de segunda classe, destinados aos trabalhadores operários, mas funcionando em horários restritos: pela manhã, das 5 às 8 horas e, à tarde, das 17 às 20 horas.

Nessa modalidade de transporte popular, era permitida a condução de mercadorias e ferramentas. Entretanto, as limitações dos horários de circulação e de linhas disponíveis, aliadas à alta do custo de vida, continuaram restringindo o acesso da

---

47 Raquel Nascimento, *op. cit.*

população pobre ao transporte coletivo, mantendo em atividade um grande exército de carroceiros e pedestres.

Criadas na segunda metade do século XIX, as estradas de ferro ligavam em São Paulo as zonas cafeeiras e o porto de Santos. A Estrada de Ferro Sorocabana (1875) ligava a capital às regiões produtoras de café; a São Paulo Railway, inaugurada em 1867, ligava a zona cafeeira, a capital e o porto. Atravessando a cidade no sentido oeste-leste, a Inglesa, como era popularmente conhecida, cortava o povoado da Lapa, os Campos Elíseos, a Luz, seguindo pela várzea do Carmo em direção ao Brás, até chegar ao litoral. A Estrada de Ferro São Paulo-Rio de Janeiro (1872), saindo da Estação do Norte, no Brás, cruzava os novos bairros operários que surgiam a leste até encontrar-se com a ferrovia D. Pedro II, que levava ao Rio de Janeiro. Em 1890, essas duas ferrovias reunidas formaram a Central do Brasil, cujas estações – ou "paradas" – marcariam a paisagem e a memória dos moradores dos bairros atravessados pela linha férrea.

Apesar de organizadas em função das necessidades da cafeicultura, as ferrovias representaram uma alternativa ao transporte por tração animal para longas distâncias e seus traçados sobrepuseram-se ou cortaram antigas rotas de tropas e estradas de terra por onde entravam os alimentos que abasteciam São Paulo. As estações ferroviárias tornaram mais próxima e rápida a comunicação com localidades que integravam a comarca de São Paulo e que, tradicionalmente, estiveram envolvidas com a produção de gêneros básicos – arroz, feijão, milho, mandioca, farinha, ovos, verduras, frutas diversas, carne e animais vivos – e com o fornecimento de areia, madeira e pedras para construção. Ao mesmo tempo que facilitavam o escoamento de alimentos, as ferrovias influenciavam no preço das terras que atravessavam.

Servidas pela São Paulo Railway, estavam as localidades de São Bernardo do Campo (a 18 quilômetros da capital, possuía população superior a 19 mil habitantes e contava com seis estações); Mairiporã (ex-Juqueri, distante 32 quilômetros de São Paulo, com 8 mil moradores e duas estações); e Santana do Parnaíba (a 37 quilômetros, com população de 8 mil habitantes e duas estações da Inglesa e uma da Sorocabana).

Ainda na zona da Inglesa, estava Guarulhos (localizada a 22 quilômetros do centro de São Paulo, com 6 mil moradores), ligada à capital pelo Tramway da Cantareira, por trens de subúrbio e estrada de rodagem. Na zona da Sorocabana, destacava-se o município de Cotia (a 37 quilômetros, com duas estações, contabilizando cerca de 10 mil habitantes). Na região de Cotia, a constituição da comunidade de japoneses, a partir de 1919, tensionou não só os modos de apropriação e trabalho com a terra como a composição étnica dessa região. A comunidade japonesa produzia quantidades cada vez maiores de batata, cuja comercialização era feita no Mercado de Pinheiros[48] (também conhecido à época como Mercado dos Caipiras). Na região atravessada pela Central do Brasil, merecem destaque a criação de animais e a plantação de legumes e cereais em Mogi das Cruzes (a 49 quilômetros de São Paulo) e Santa Isabel (a 35 quilômetros de São Paulo, com mais de 7 mil habitantes).

O município de Santo Amaro, situado a 18 quilômetros da capital, estava ligado a São Paulo pelo Tramway elétrico, pelas estradas de rodagem e pelos rios Pinheiros e Tietê, ainda navegáveis por meio de barcaças. Os cerca de 8 mil moradores da região se dedicavam ao cultivo de produtos tradicionais, mas também de uva, pera, caqui, laranja, flores e plantas ornamentais, além da criação de animais. É significativo que nas publicações do Departamento Estadual do Trabalho, comprometidas em demonstrar o progresso agrícola dessas localidades – expresso pela presença de meios de transporte modernos, pela existência de serviços de energia elétrica, de fornecimento de água e de núcleos de colonização com imigrantes –, façam referência à predominância do "elemento nacional" e de "pequenos produtores" nessas regiões[49].

---

48 Antonio Barreto do Amaral, *O bairro de Pinheiros*, São Paulo: PMSP/SMC – Departamento de Cultura, 1980, p. 102. Em 1927, esses agricultores organizaram-se e fundaram a "Sociedade Cooperativa de Responsabilidade Limitada dos Produtores de Batata em Cotia S.A.".

49 Os dados referentes às culturas, aos preços e à localização das regiões cortadas pelas ferrovias que permitiram a reconstituição do perfil dessa região produtora de alimentos estão disponíveis no documento do Departamento Estadual do Trabalho – São Paulo (Seção de Informações), *Mercado de Trabalho*, referente aos anos de 1919 a 1924.

Segundo Flávio Azevedo Marques de Saes[50], até o ano de 1889 o carregamento de gêneros alimentícios pela via férrea ainda era pequeno, aumentando consideravelmente na segunda metade do século XX. Até esse período, eram cobrados fretes baixos e preços diferenciais, relacionados ao pequeno tráfego de alimentos, algodão e fumo. Quando, por volta de 1918, as ferrovias registraram um aumento progressivo no número de mantimentos transportados, aumentaram as tarifas, o que teve como consequência imediata um decréscimo nos fretes de alimentos que circulavam pela Estrada de Ferro Paulista (faz-se aqui uma ressalva: a especialização da região atendida pela Sorocabana na produção de arroz, milho e feijão fez aumentar o tráfego de cereais).

Esse histórico do transporte de alimentos permite avaliar que, até a primeira década do século XX, o uso das ferrovias para o transporte de gêneros alimentícios oferecia condições favoráveis aos produtores e comerciantes de pequeno e médio porte, já que, devido ao caráter experimental dessas transações, as tarifas eram mínimas. As referências dessa época aos comerciantes e produtores de alimentos vindos pela ferrovia são bastante escassas, sobressaindo o transporte realizado por carroceiros e tropeiros. De acordo com Saes, referindo-se aos níveis dos transportes de gêneros nas décadas de 1920 e 1930,

> "se o volume transportado cresce substancialmente, a participação na receita se mantém sempre atrás. Tal fato reflete, por um lado, o baixo nível do frete para as mercadorias e, por outro, o fato de as zonas produtoras situarem-se próximas da Capital – já o grande centro de consumo –, o que implica pequeno número de quilômetros para efetuar o transporte"[51].

---

50 Flávio Azevedo Marques de Saes, *As ferrovias de São Paulo: 1870-1940*, São Paulo: Hucitec/Instituto Nacional do Livro/MEC, 1981.

51 *Ibidem*, p. 113.

Uma petição datada de 1907 – na qual os comerciantes de aves e ovos do Mercado 25 de Março denunciaram a existência de atravessadores no vizinho Mercado dos Caipiras – permite localizar algumas localidades de onde vinham os comerciantes e pequenos produtores que forneciam alimentos para São Paulo. De acordo com o senhor Leão Sobrinho, administrador do Mercado 25 de Março:

> Os signatários da presente petição não sabem mais que reclamarem. Dizem eles que na seção dos caipiras vendem negociantes e atravessadores, não é exato. Os que vendem nesta seção são pessoas que vem de diversos pontos, como seja: *Uma, Cotia, Conceição, Arujá, Juqueri* e outros pontos, transportando seus gêneros com tropas e trazem guias dos fiscais que estão nas entradas da cidade [...]. Os de Santo Amaro, trazem guias da administração daquele mercado, conforme convênio feito entre o Intendente de lá e a Prefeitura [*sic*][52].

Nota-se que, apesar da existência de estações das estradas de ferro em todas os municípios citados pelo administrador, e mesmo com a reorganização da fiscalização municipal, há indicações da continuidade do transporte de mercadorias feito por tropas e carroças.

Segundo o administrador do Mercado 25 de Março, funcionário da prefeitura em contato direto com os trabalhadores vindos do campo, "caipiras" eram os produtores vindos das localidades situadas além das entradas da cidade que tinham pontes como marco divisório (como as pontes de Pinheiros, Santana e Emboaçava).

No início do século XIX, feirantes e tropeiros, ao passar com seus animais carregados de mantimentos pelas "pontes de fora", pagavam pedágio e recebiam

---

52 Depoimento do administrador do Mercado 25 de Março sobre uma petição encaminhada à prefeitura pelos comerciantes desse estabelecimento, 1910. Arquivo Histórico Municipal, Fundo PMSP, Caixa 754.

uma guia que deveriam apresentar aos fiscais, os "comandantes das pontes" como eram chamados, numa das pontes que circundavam o centro, as chamadas "pontes de dentro", a saber, a do Lorena e do Marechal (sobre o Anhangabaú), do Carmo e do Fonseca (sobre o Tamanduateí) [...]⁵³.

Na obra *Belenzinho 1910*, Jacob Penteado também fornece indicações sobre a continuidade dos pousos no século XX e a procedência de lavradores em direção ao Mercado dos Caipiras, na várzea do Carmo:

> Como em quase todas as cidades brasileiras de então, eram comuns os pousos e os ranchos, onde se abrigavam os caipiras que vinham de sítios distantes da capital. *Havia-os no Brás, junto à Chácara do Ferrão, no Lavapés, no Bixiga. No Belém, o pouso ficava à margem esquerda do Tietê, entre a Saboneira e a rua Catumbi*, em terras do Coronel Fortunato Goulart. Em 1910, ele as vendeu ao industrial Jorge Street, que ali instalou uma fábrica de tecidos e a Vila Maria Zélia [...]. Esse local era conhecido, também, por Mercadinho dos Caipiras, que chegavam de *Nazaré, Mogi das Cruzes, Santa Izabel, Poá, Itaquaquecetuba, Guarulhos, Penha e Itaquera* rumo ao Mercado Central e serviam-se de pouso para pernoitar saindo pela manhã, bem cedo. Alguns vinham a pé, mas a maioria servia-se de mulas, com cangalhas e até carros de boi⁵⁴.

O memorialista observa que o transporte e a comercialização dos gêneros alimentícios eram frequentemente realizados pelos mesmos indivíduos, e que os deslo-

---

53 Benedito Lima de Toledo, *op. cit.*, p. 34.

54 Jacob Penteado, *Belenzinho, 1910*, São Paulo: Martins, 1962, pp. 79-80 (grifos nossos). Nascido em Sorocaba, interior de São Paulo, em 1900, Penteado viveu ainda criança em Buenos Aires, Argentina, e depois nos bairros do Bom Retiro e Belenzinho, em São Paulo. Operário, escritor, professor, memorialista, tradutor, organizador de coletâneas e enciclopédias e funcionário dos Correios, deixou uma obra marcante no meio literário e entre os historiadores paulistas. Fez carreira no Departamento de Correios e Telégrafos a partir de 1920, ingressando como auxiliar de carteiro e chegando a chefe do Departamento de Expressas e Telegramas.

camentos das tropas com mercadorias tinham diversas paradas, nos chamados "ranchos de pouso". Nesses locais, os "tropeiros", como eram chamados esses viajantes, podiam descansar e se alimentar, bem como seus animais de carga. Algumas dessas paradas, recebendo intenso fluxo de comerciantes, transformaram-se em entrepostos comerciais, como é o caso do Mercado de Pinheiros, legalizado em 1909, e do Mercadinho dos Caipiras do bairro do Belenzinho, ponto de pouso onde também se vendiam mantimentos para os moradores dessa localidade.

É provável que naquela época a maioria dos produtores e comerciantes de alimentos ligados à capital, especialmente os mais pobres, continuasse conduzindo suas mercadorias no lombo de animais ou em carroças e cargueiros, devido à relativa proximidade das áreas de lavoura com a cidade de São Paulo e, quem sabe, tentando escapar da fiscalização e do pagamento de taxas e tributos.

O comércio de gêneros alimentícios na cidade fazia parte do modo de vida de famílias e comunidades inteiras que moravam em sítios e chácaras dentro da capital e em algumas localidades mais distantes. Até as primeiras décadas do século XX, esses comerciantes marcavam presença na cidade com cargueiros e cestos de produtos, que eram levados aos mercados ou oferecidos pelas ruas à cata de fregueses.

Investigando a presença dos "caipiras" em São Paulo, encontram-se descrições diversas e carregadas de estereótipos. Em meio aos registros sobre a época, algumas obras esclarecem aspectos importantes e permitem conhecer algumas modalidades de trabalho criadas pelos trabalhadores do campo. O jurista e memorialista Jorge Americano, por exemplo, referindo-se ao período entre 1895 e 1915, descreve a presença de fábricas na região do Brás e do Bom Retiro, junto com o movimento de carroças e carros de boi que abasteciam a cidade no início do século XX.

> Os apitos das fábricas. Aquele mais baixo deve ser da chaminé fininha, do lado do Bom Retiro, aquele ronco deve ser da chaminé grossa, do lado do Brás. Silenciaram os apitos, mas começou outro ruído. Ontem quase à noite, foi descarregado à porta da nossa casa um carro de lenha bruta, vinda de

Santo Amaro. Batem palmas insistentes, de alguém que ignora que desde a semana passada instalamos campainha elétrica. É o lenhador que vai começar a rachar lenha[55].

Para esse escritor, os caipiras eram aqueles que vinham dos arredores, vendendo alimentos e lenha, sempre com carroças e mulas, uma gente que andava descalça e usava roupas diferentes das usadas pelos moradores urbanos. A partir de suas memórias, verifica-se a existência de duas formas de trabalho autônomo: o *comércio de lenha em domicílio* e o serviço de *lenheiro*. Na primeira modalidade, o combustível era trazido das matas dos arredores da cidade – no caso, de Santo Amaro. Essa lenha era largamente utilizada na cozinha, no aquecimento de água para os banhos e em outros usos domésticos. Já o serviço de lenheiro era realizado por indivíduos capazes de rachar e carregar toda a lenha que fosse entregue a um comprador. Na situação descrita por Jorge Americano, o pagamento era feito separadamente, do comprador para o comerciante e para o lenheiro, mas havia casos em que ambos trabalhavam juntos, dividindo a remuneração.

A descrição de Americano também ressalta alguns sinais que caracterizavam a presença dos "caipiras" na cidade, como o barulho do seu trabalho, que começava no transporte de produtos em carroças, mulas e carros de boi, fazendo alarde com sua chegada e com seus deslocamentos, além dos pregões em que anunciavam seus produtos.

Escuta-se à distância um chiado estridente como o canto das cigarras. Vem aumentando, e aparece o carro, com lenha bruta, vinda de Santo Amaro, puxado por juntas de bois. Tange-os ao lado um caipira; descalço, de chapéu grande e lenço no pescoço, com uma vara de acicate ao ombro. Comprando "lenha bruta" paga-se quatro vezes o preço das carrocinhas de meio metro cúbico e recebe-se quantidades seis ou sete vezes maior, despejada à calçada.

---

55 Jorge Americano, *São Paulo naquele tempo: 1895-1915*, São Paulo: Saraiva, 1957, p. 47.

Daí a pouco aparece um preto descalço, de machado ao ombro e se oferece para rachar e recolher. Racha na rua e depois recolhe. Somando o preço da lenha ao que se paga ao preto lenhador, dá diferença a favor do comprador, entre dois e três mil réis[56].

Se a historiografia enfatizou a emergência de um cenário de embelezamento da capital, com alargamento de ruas, construção de praças, grandes prédios e belas fachadas, outros indícios revelam uma heterogeneidade de espaços em que conviviam diferentes práticas sociais e referências culturais, como o modo de vida de pequenos lavradores, carroceiros e lenheiros, expresso em atividades de comércio, nas suas possibilidades como trabalhadores autônomos e nas particularidades de sua sobrevivência.

O comércio de lenha em domicílio marcava o cotidiano da cidade com o barulho das carroças e dos pregões que anunciavam mercadorias. Os carroceiros vendiam lenha em maior quantidade e, geralmente, por preços mais baratos que o daquela vendida em estabelecimentos fixos. Essa atividade necessitava quase sempre do lenheiro, que poderia ser uma criança ou um adulto morador da cidade. Nessas funções, empregavam-se muitos trabalhadores que buscavam sua sobrevivência em expedientes desse tipo, casuais e de pouca renda, possíveis na São Paulo da época.

---
56 Jorge Americano, *op. cit.*, 1957, p. 111-2.

O CINTURÃO VERDE
DOS ARREDORES DA CAPITAL

Investigando a preservação de núcleos de produção rural na primeira metade do século XX, o geógrafo Aroldo de Azevedo comenta a existência de pequenas propriedades em localidades mais distantes da área urbana da capital:

> Em Itapecerica da Serra, apenas 9% do território municipal é cultivado, predominando os sítios de recreio, as culturas do tipo caipira e, principalmente, as atividades ligadas à exploração das matas e capoeiras (extração de madeiras e lenha, fabricação de carvão). Já na região de Cotia o caso é bem outro, pois nada menos de 50% da área municipal são ocupados por atividades agropecuárias, graças às suas variadas culturas, à avicultura e às granjas destinadas à produção de leite [...][57].

Embora a pesquisa de Azevedo remeta aos anos 1940 e 1950, sabemos que Cotia e Itapecerica da Serra estavam havia muito tempo envolvidas com o abastecimento de São Paulo. Abordando as formas de agricultura dessas localidades, o geógrafo compara os modos de cultivo ali praticados com as técnicas desenvolvidas em algumas lavouras de comunidades de japoneses.

---

57 Aroldo Edgard de Azevedo, *A cidade de São Paulo: estudos de geografia urbana*, v. 4, São Paulo: Companhia Editora Nacional, 1958, p. 113.

> O caipira não sabe aproveitar convenientemente o solo, nem consegue auferir lucros com o que produz. Alega com frequência que a terra não presta ou está cansada, mesmo quando, ao lado, exista uma bem organizada e próspera comunidade de japoneses. Via de regra, suas lavouras não chegam para atender às necessidades da própria subsistência; em canteiros assimétricos e desalinhados, plantam pequena roça de milho, exíguo mandiocal, umas poucas verduras e flores; no mais, apenas algumas laranjeiras, limoeiros e bananeiras.
> Sua técnica de cultivo é praticamente inexistente, pois, em regra, não emprega adubos, não utiliza o arado, desconhece remédios contra pragas, não se preocupa em selecionar as sementes. Quando muito, pratica a rega[58].

Azevedo constrói a ideia de uma marcante inferioridade das lavouras de tipo "caipira". Acentuando a meticulosidade do trabalho dos japoneses e suas técnicas mais aperfeiçoadas, seu discurso desqualifica os lavradores de origem nacional, criticando diretamente a precariedade de seus meios de cultivo. Nesse mesmo trabalho, consta uma referência à região de Itaquera, localidade situada dentro do município paulistano que, apesar de desempenhar uma função predominantemente residencial, possuía grande número de chacareiros e sitiantes que se deslocavam para a região central a fim de vender seus produtos. É importante constatar o uso das linhas férreas para o deslocamento e transporte das mercadorias, um benefício concedido pela prefeitura aos chacareiros e sitiantes que portassem cargas, já que nessas condições estavam dispensados dos ingressos para utilização dos trens.

A maioria da população concentrada em Itaquera trabalha na capital ou para ela se dirige a fim de vender seus produtos. Daí o movimento de sua pequenina

---

58 Aroldo Edgard de Azevedo, *A cidade de São Paulo: estudos de geografia urbana, v. 2, A evolução humana*, São Paulo: Nacional, 1958, pp. 122-3.

estação, por onde transitam em média 8000 passageiros em cada dia da semana, salvo aos domingos e feriados, quando esta cifra cai para 3000[59].

Até os anos 1930, havia certo equilíbrio nas relações entre a capital e as chácaras das quais ela dependia para o suprimento de gêneros alimentícios. A autonomia dos roceiros de origem nacional começa a ser ameaçada pela concorrência estrangeira e pelo próprio desenvolvimento da capital, que intensificou a comunicação com outras áreas produtoras.

No início do século XX, iniciativas e esforços diferenciados procuraram apresentar a produção e comercialização de alimentos sob outras perspectivas, visando, provavelmente, dinamizar esses setores. A revista *Chácaras e Quintaes*, lançada em São Paulo em 1909, é uma dessas experiências. Ilustrada, com muita publicidade de arados, semeadeiras, pulverizadores, lojas de sementes e equipamentos, voltava-se preferencialmente para assuntos como horticultura, laticínios, criação de animais e "todos os interesses da pequena propriedade agrícola"[60].

Procurando oferecer esclarecimentos e respostas a consultas por correspondência, a revista difundia uma nova mentalidade para o homem do campo, uma mentalidade aberta às novidades técnicas e à informação. Nessas publicações, verificam-se transformações na localização e no tipo de produção desenvolvida em chácaras na cidade de São Paulo. Já no número de estreia, uma longa reportagem ilustrada sobre o cultivo de uvas cita a chácara Marengo, premiada em exposições, com cerca de 45 mil metros de videiras plantadas em antigos terrenos devolutos, na Sexta Parada (do trem para a Penha), no bairro da Mooca. Seu proprietário, Francisco Marengo, após cercar aproximadamente dois hectares com arame, deu início à plantação de frutas como ameixa, maçã, pera, cereja e damasco, além de produzir mudas de todas

---

59 Aroldo Edgard de Azevedo, *op. cit.*, 1958, p. 157.

60 Conforme encarte avulso para assinaturas no número de ensaio de *Chácaras e Quintaes*, Conselhos práticos para todos, São Paulo, 15 out. 1909.

as espécies cultivadas. Outras áreas dedicadas ao cultivo de uvas localizavam-se no Alto da Mooca, em propriedade de Amador Cunha Bueno, na Vila Cordélia e no sítio Pirituba, de propriedade de José Pereira Barreto, na chácara de dona Veridiana Prado e na chácara do senhor Cristiano Vianna.

Outra trajetória bem-sucedida apresentada pela revista é a experiência do senhor Pedro Nunes, "um português rude e simpático" que viera para o Brasil 12 anos antes trazendo como "único capital a sua boa vontade e sua ciência dos campos" e "algumas sementes daqueles morangos brancos de Portugal". Uma vez em São Paulo, Nunes deu início à primeira plantação de morangos da cidade. Vendidos no mercado ao longo de alguns anos, os morangos propiciaram condições para aquisição de uma imensa área em Perdizes (na rua Homem de Melo, n. 100), onde se dedicava, em 1910, ao plantio de morangos e feijões.

Afirmando que o morango era uma das frutas mais procuradas nos mercados e calculando que em um hectare podia-se colher, anualmente, 15 mil quilos de morangos, "que na pior das hipóteses, em São Paulo, onde a produção é maior, não se vendem a menos de 1 mil réis o quilo", a revista oferecia aos leitores modelos a serem seguidos por agricultores-empresários. A matéria ainda chama a atenção dos interessados em fornecer a fruta às grandes cidades, aconselhando que o plantio fosse realizado nas vizinhanças, como fez o senhor Pedro Nunes, "cuja chácara dista do mercado [...] um quarto de hora de bonde"[61].

Nas primeiras décadas do século XX, as áreas, populações e atividades caracterizadas como rurais continuaram fazendo parte da cidade. Para boa parte de seus habitantes, São Paulo ainda era uma cidade onde se podia plantar, pescar, coletar raízes e sementes, criar pequenos animais etc. Campo e cidade ainda estavam próximos, mesmo que já em processo de diferenciação crescente.

---

61 "Horticultura – Cultivemos os morangos", *Chácaras e Quintaes*, São Paulo, abr. 1910, n. 4, pp. 7-15.

2

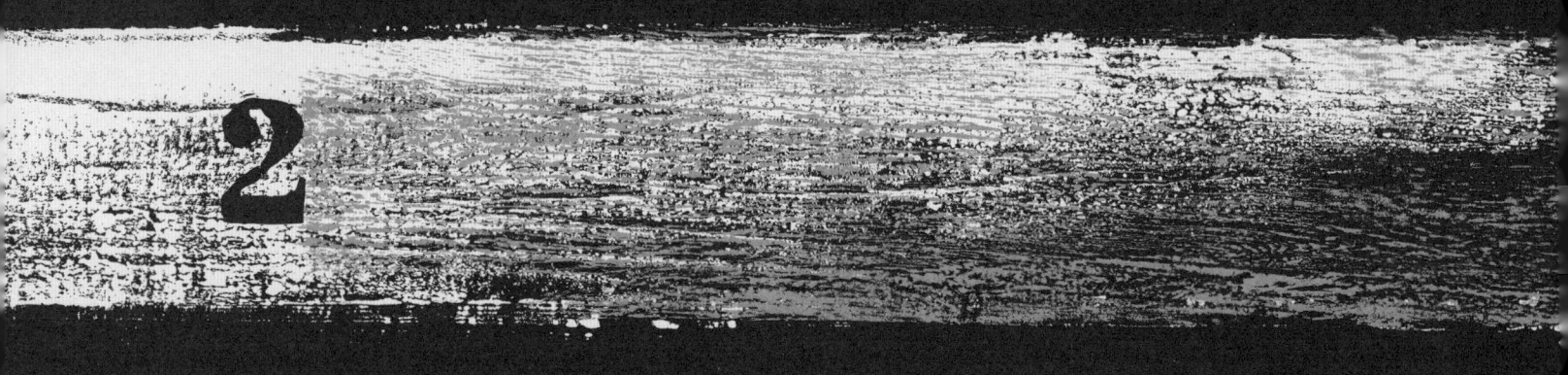

O COMÉRCIO POPULAR DE ALIMENTOS

NA CIDADE: RUAS, MERCADOS

E FEIRAS DE SÃO PAULO

Na transição para o século XX, o comércio de gêneros de primeira necessidade e produtos correlatos constituía um ramo de trabalho em crescimento, formado pela participação permanente de trabalhadores nacionais e incrementado com a presença de estrangeiros envolvidos na formação de novas lavouras e no comércio urbano.

Compreender o funcionamento do comércio de alimentos realizado em São Paulo nesse período implica reconhecer, primeiramente, que essa atividade já fazia parte da sociedade paulista desde o período da escravidão: no século XVIII, negros forros, escravos e brancos pobres faziam quitandas e feiras de produtos caseiros, vendendo frutas, pequenos animais, peixes, lenha, ervas medicinais e outras mercadorias necessárias à sobrevivência da população. Alguns tentavam melhorar as condições de sua própria subsistência, enquanto outros procuravam constituir pecúlio para comprar a desejada liberdade.

Na obra *Quotidiano e poder*, Maria Odila Leite da Silva Dias observa que no início do século XIX mulheres brancas pobres conseguiam renda com o comércio de gêneros alimentícios realizado por seus escravos ou intermediando o tráfico de mantimentos que acontecia na cidade como meio de burlar a fiscalização e o pagamento de impostos. Dias, ao mostrar a presença marcante de mulheres pobres no comércio alimentício, faz referência aos lugares onde se realizavam as feiras e o comércio ambulante, alguns dos quais permaneceram até as primeiras décadas do século XX:

Brancas pobres, escravas e forras faziam o comércio mais pobre e menos considerado, que era o de gêneros alimentícios, hortaliças, toucinho e fumo, nas ruas delimitadas pela Câmara: nas Casinhas da rua da Quitanda Velha, na ladeira do Carmo, local chamado "o buracão", na rua do Cotovelo (1800). Entre a Igreja da Misericórdia e a do Rosário, as quitandeiras espalhavam pelo chão seus trastes, vendendo um pequeno comércio de vinténs para escravos. O comércio ambulante foi aos poucos tomando becos e travessas entre a rua do Rosário e a do Comércio: Beco do Inferno, da Cachaça... a ponto de se queixarem dele os comerciantes da rua Direita, estabelecidos em suas lojas, reclamando principalmente da sujeira, dos mosquitos e dos maus cheiros[62].

Ao longo do século XIX, entre os grupos que participavam do abastecimento, figuravam os indivíduos livres pobres que, no contexto da sociedade escravocrata, criaram possibilidades diversas de acesso à terra fora do âmbito da grande propriedade. Alguns eram chacareiros e sitiantes, outros viviam como agregados ou arrendatários. Além deles, havia ainda os escravos de senhores pobres que trabalhavam nas lavouras com seus patrões[63]. Para esses trabalhadores, livres ou escravos, o cultivo da terra e o comércio de alimentos e outros produtos configuravam possibilidades de sobrevivência, como é demonstrado nos estudos de Maria Odila:

Algumas chegavam nos seus carros de boi, a pretexto de trazerem pequenos excedentes das suas roças, na verdade, atravessando gêneros para fazer comércio clandestino e iludir o fisco, conforme sucessivas denúncias registradas na Câmara. Outras traziam em seu "chio" pedras para obras na cidade ou lenha para consumo dos moradores: as que vinham da Freguesia do Ó chegavam

---

[62] Maria Odila Leite da Silva Dias, *Quotidiano e poder em São Paulo no século XIX*, São Paulo: Brasiliense, 1995, p. 23.

[63] Maria Cristina Cortez Wissenbach, *Sonhos africanos, vivências ladinas: escravos e forros em São Paulo (1850-1880)*, São Paulo: Hucitec, 1998, pp. 100-24.

pelos lados de Santa Ifigênia e, de lá, através das pontes do Acú e da Constituição, dirigiam seus carros para o Largo de São Bento[64].

A presença das comerciantes de origem rural aponta para a participação efetiva de mulheres roceiras no atravessamento de produtos ou no transporte de materiais de construção para venda na cidade. É interessante notar a situação de clandestinidade do comércio feito por essas mulheres, numa atitude de recusa ao pagamento de impostos e, portanto, de insubmissão às formas de organização e controle do comércio popular instituídas pela Câmara Municipal em meados do século XIX.

A rua da Quitanda Velha, atual rua da Quitanda, era local de vendas até as últimas décadas do século XIX e nela se estabeleciam comerciantes/roceiros junto com produtores, comerciantes, carroceiros, entre outros trabalhadores que moravam em terrenos e chácaras dentro da cidade. Na descrição de Manoel Vitor, jornalista, radialista e escritor paulistano da primeira metade do século XX, encontramos a imagem de um espaço popular plural, onde se vendiam alimentos como hortaliças e carnes, além de roupas, sapatos e outros artefatos:

> [...] uma feira imunda, uma quitanda de mil e um negócios, onde verduras se misturam com sapatos e fazendas com cebolas [...]. Sobre as hortaliças, muitas vezes já deterioradas, voejavam moscas e o cheiro da cebola podre era insuportável. Completavam o quadro alguns animais cheios de suor e caboclos tresandando a bodum e fartum[65].

A diversidade de mercadorias oferecidas na rua da Quitanda aponta para a configuração desse espaço como território frequentado e utilizado para a sobrevivência de trabalhadores despossuídos, incluindo os indivíduos vindos de áreas

---

64 Maria Cristina Cortez Wissenbach, *Sonhos africanos, vivências ladinas, op. cit.*, p. 26.
65 Manoel Vitor, *São Paulo de antigamente: história pitoresca de suas ruas*, São Paulo: Grafystil, 1976, p. 42.

rurais, descritos pelo memorialista com o nome de "caboclos", numa referência à miscigenação entre índios e brancos. Segundo a descrição do escritor, na rua da Quitanda eram vendidos diversos tipos de mercadorias, muitas vezes de maneira esporádica. Era uma feira onde os pobres podiam vender bens e produtos para obter alguma renda.

No relato de Manoel Vitor, a presença dos trabalhadores e a própria feira que realizavam são percebidos com ojeriza; ele caracteriza o comércio popular, os animais e os comerciantes como anti-higiênicos. A rejeição ao modo como se vendia na rua da Quitanda relaciona-se à desqualificação sustentada pela aristocracia e pelas autoridades sanitárias contra os modos de vida de negros, mestiços e roceiros pobres, por meio de um discurso que idealizava uma cidade desenvolvida de acordo com moldes de comportamento europeus. Os problemas de má alimentação, falta de higiene, doenças e altos índices de mortalidade eram vistos pelas elites como consequência dos modos de vida dos populares.

No cruzamento da rua XV de Novembro com a ladeira General Carneiro, existia a travessa das Casinhas, depois denominada rua do Tesouro, onde funcionava, desde 1773, o conhecido "Mercado das Casinhas". Primeiro entreposto público municipal, esse estabelecimento compunha-se de sete pequenos quartos, servindo à comercialização de verduras, legumes, aves, ovos, frutas, leite e outros alimentos[66]. Alguns anos depois, outros boxes foram construídos na ladeira do Carmo. Nuto Sant'Anna procurou apresentar uma versão histórica do surgimento e da atividade do Mercado das Casinhas, não sem antes descrever o modo como era feito o abastecimento no século XVIII:

Tropeiros e boiadeiros vinham das fazendas do entorno. Os vendedores de farinha e aguardente afluíam. Roceiros enviavam escravos, índios e negros, com

---
[66] Nuto Sant'Anna, "As Casinhas (O primeiro Mercado de São Paulo) – 1773", *Revista do Arquivo Municipal*, n. XIV, São Paulo: Publicação do Departamento de Cultura e Recreação, 1935, p. 79.

gêneros, a mercadejar pelas ruas tortuosas e sonolentas. Quanto aos comestíveis indispensáveis, os negociantes, que os mercavam, se reuniam todos à rua chamada das Casinhas, onde existiam numerosas quitandas escuras, cheias da maior desordem [...][67].

Para Nuto Sant'Anna, a criação das casinhas significou a primeira iniciativa da Câmara Municipal para reunir o comércio ambulante de alimentos. Realizado de maneira esparsa, o abastecimento acontecia nos espaços escolhidos pelos próprios comerciantes. De acordo com esse autor, um dos objetivos da prefeitura era exercer algum tipo de controle sobre o comércio popular, num contexto em que o abastecimento de gêneros era feito, sobretudo, por ambulantes.

Antonio Egídio Martins, cronista e pesquisador da história paulistana, relata a persistência de alguns trabalhadores, principalmente mulheres, que continuaram a mercadejar na rua do Tesouro até as primeiras décadas do século XX, apesar do fechamento do Mercado das Casinhas em 1890 – quando foi decidida a criação do Mercado de São João e intensificaram-se as medidas visando ao deslocamento do comércio realizado nas ruas centrais da capital para o interior dos mercados públicos.

A rua das casinhas [...] todas as manhãs, enchia-se de muitas pessoas com o fim de comprarem o que desejavam, sendo que, desde 1890, ano em que se inaugurou o Mercado de São João, deixou de se realizar na referida rua, hoje rua do Tesouro, a venda de legumes, frutas, leite, aves e ovos, passando a ser feita a mesma venda nos mercados de S. João e da rua 25 de Março, ficando somente na rua das casinhas madame Bresser, que possuía no bairro do Brás uma grande chácara e residia no prédio de sobrado da mesma rua n. 05, e algumas outras

---

67 Nuto Sant'Anna, *op. cit.*, 1935, pp. 59-60.

quitandeiras em pequeno número, e que expunham suas verduras e legumes [...] no corredor das casas daquela rua[68].

A insistência de alguns ambulantes em permanecer nas ruas centrais de São Paulo representa fragmentos de um processo de luta, em que se posicionavam, de um lado, os trabalhadores pobres, responsáveis pelo abastecimento alimentício da capital, como integrantes de uma rede de relações sociais e culturais viabilizadas por meio das atividades de comércio; de outro, as classes abastadas que utilizavam o poder público para interferir na utilização do espaço urbano e no comércio alimentício da cidade.

Ao longo do século XIX também estavam presentes no comércio ambulante de alimentos os negros forros, escravos de ganho, mulatos e brancos pobres, cuja presença era bastante marcante nas ruas do centro da capital. No beco das Minas, atual rua 11 de Agosto, estabeleciam-se as pretas quitandeiras da Nação Mina que ali vendiam frutas, quitutes e outras guloseimas como carás cozidos, pinhões quentes, ibás, cuscuz de bagre, jabuticabas, araçás, guabirobas, grumixamas, pitangas e cambucis[69].

Francisco de Assis Vieira Bueno, que vivia em São Paulo em meados do século XIX, relata em suas memórias a atividade das quitandeiras ambulantes. Apesar de o autor não especificar os lugares por onde elas circulavam, pode-se deduzir que ele se referia às ruas do triângulo central – XV de Novembro, Direita, São Bento e adjacências –, a julgar pelas descrições sobre os pontos tradicionais de comércio ambulante em meados do século XIX. Como membro de uma geração que ainda experimentava

---

68 Antonio Egídio Martins, *São Paulo Antigo: 1554-1910*, São Paulo: Conselho Estadual de Cultura, s.d., pp. 139-40. Obra organizada em dois tomos publicados pela primeira vez entre 1911 e 1912.

69 Ernani Silva Bruno, *História e tradições da cidade de São Paulo*, Rio de Janeiro: José Olympio, 1954, v. 3, p. 307. A origem do nome estaria ligada ao fato de "residirem ali exclusivamente pretas quitandeiras da Nação Mina. Foi, depois, o primeiro trecho da rua do Quartel, atual 11 de agosto, entre as ruas Wenceslau Brás e Santa Tereza." Cf. Antonio Barreto do Amaral, *Dicionário de História de São Paulo*, São Paulo: Governo do Estado, 1980, pp. 75-6.

o ambiente bucólico da cidade, Bueno rememora com saudosismo a presença do comércio feito pelos nacionais:

> De noite a quitanda era iluminada com rolos de cera preta nas guardas dos taboleiros, e os pregões de pinhão quente, amendoim torrado, cará cozido e muitos outros produziam alarido. Às vezes, na escuridão da noite, encontrava-se um vulto levando fogo em cima da cabeça: pelo pregão de pinhão quente via-se que era a preta quitandeira, que conduzia sua panela de pinhão cozido sobre um fogareiro posto dentro de uma gamela. [...] Entre as quitandeiras algumas havia que por sua alegria, tagarelice e inesgotável hilariedade [sic] se tornavam populares, como aquela freguesa de laranja dos estudantes de medicina do Rio, que uma vez eles levaram em triunfo pelas ruas. O mais é que eram mais simpáticas e espirituosas do que esses marmanjos italianos de bigodes, que em vez de irem puxar pelo rabo da enxada, andam por aí vendendo frutas verdes e apregoando "banane fresque", e outras coisas, todas "fresques"[70].

O memorialista expõe uma visão representativa de seu grupo social: acreditava, junto com outros cafeicultores e políticos de sua geração, que o abastecimento alimentício deveria ser realizado pelos nacionais, cabendo aos imigrantes permanecer nas fazendas como mão de obra para a produção de café.

Nos primeiros anos do século XX, o mercado de trabalho na cidade de São Paulo foi marcado por um crescimento anual significativo de estabelecimentos industriais, passando de 414 unidades, entre 1905 e 1909, para 1.038 entre 1910 e 1914[71]. Apesar

---

70 Francisco de Assis Vieira Bueno, *A cidade de São Paulo: recordações evocadas da memória – notícias históricas*, São Paulo: Biblioteca Academia Paulista de Letras, v. 2, 1976, p. 26. O autor foi promotor público, presidente do Banco do Brasil, fazendeiro de café em Brotas e duas vezes intendente municipal em São Paulo.

71 Tabela reunindo dados sobre os estabelecimentos industriais, segundo as datas de sua Fundação: 1850-1919. In: Emplasa, *Memória urbana: a Grande São Paulo até 1940*, São Paulo: Arquivo do Estado/Imprensa Oficial, 2001, p. 76.

desse crescimento, vale ressaltar que a maior parte dos trabalhadores estava envolvida com o setor de comércio e transportes – que, juntamente com as profissões liberais, os cargos eclesiásticos e a administração civil, representava 68,3% do total da população ativa em 1893. Durante toda a primeira metade do século XX, essas atividades continuaram em alta, contabilizando 73,4% da população trabalhadora em 1950[72]. Nesses percentuais está incluída uma gama variadíssima de funções, como carroceiros, vendedores ambulantes, pequenos produtores de gêneros alimentícios, comerciantes eventuais, carregadores de volumes, transportadores de mercadorias, feirantes e outros trabalhadores, cujo cotidiano procuramos conhecer mais de perto.

A importância crescente das atividades de comércio ambulante para a arrecadação municipal, por exemplo, pode ser avaliada pelos registros do serviço de fiscalização da prefeitura referentes a apreensões de ambulantes que não pagavam impostos: em 1899, foram 249 autuações[73], passando para 392 casos em 1904[74], aumentando para 532 ocorrências em 1915[75], e contabilizando 552 apreensões em 1922[76]. Esses dados evidenciam o peso do comércio ambulante como possibilidade de sobrevivência em São Paulo, inclusive para os imigrantes, que se transferiam para a cidade em busca de espaços alternativos às fazendas de café, e para os estrangeiros que migravam por conta própria.

Os trabalhadores de origem nacional compunham o setor mais diretamente ligado às funções autônomas. Estudando a localização e as atividades da população pobre paulistana, Carlos José Ferreira dos Santos trouxe à tona as experiências de lavadeiras

---

72 Quadro Comparativo da População Ativa por Setores de Produção, para os anos de: 1798, 1836, 1893, 1950. *In:* Emplasa, *Memória urbana: a Grande São Paulo até 1940, op. cit.,* p. 62.

73 Antonio da Silva Prado, Relatório de 1899, apresentado à Câmara Municipal de São Paulo, em 31 de março de 1900, São Paulo: Typ. A Vapor – Espíndola, Siqueira & C., p. 6.

74 *Idem,* Relatório de 1904, apresentado à Câmara Municipal de São Paulo, São Paulo: Casa Vanorden, 1905, p. 8.

75 Washington Luís Pereira de Souza, Relatório de 1915, apresentado à Câmara Municipal de São Paulo, São Paulo: Casa Vanorden, 1916, p. 101.

76 Firmiano de Morais Pinto, Relatório de 1922, apresentado à Câmara Municipal de São Paulo, São Paulo: Casa Vanorden, p. 60.

tradicionalmente estabelecidas na várzea do Carmo e os trabalhos de ervanários e de comerciantes de gêneros alimentícios instalados no Mercado dos Caipiras. Além disso, deu visibilidade a inúmeros outros ofícios pouco considerados, como lavadores de casas, empregados de cocheiras, copeiras e cozinheiras, entre tantas outras formas de sobrevivência e práticas culturais da população nacional pobre que concentrava-se em torno do antigo largo do Rosário e nas vielas e travessas que compunham o sul do distrito da Sé[77]. Em suas análises, é bastante evidente a constituição e fixação desses territórios populares onde viviam e trabalhavam ex-escravos, forros, brancos pobres e roceiros.

As fotografias desta página, produzidas nas ruas da cidade pelo italiano Vincenzo Pastore (1865-1918), também compõem um painel das inúmeras estratégias de sobrevivência da gente comum: são vendedores ambulantes de vassouras, galinhas e verduras, meninos engraxates, carregadores de malas na estação da Luz, carroceiros etc.

Quase indiferente à criação, à extinção ou à transferência de mercados, o movimento de ambulantes nas ruas de São Paulo continuou a realizar-se, aumentando

Vendedores ambulantes de vassouras e alimentos, 1911.

[77] Carlos José Ferreira dos Santos, *Nem tudo era italiano: São Paulo e pobreza (1890-1915)*, São Paulo: Annablume, 1995.

continuamente ao longo do século XX com a participação de trabalhadores estrangeiros. Oferecendo leite fresco à porta dos fregueses, alguns vendedores traziam vacas e cabras. Pelas ruas e praças, vendiam-se lenha, verduras, gelo, ovos, aves, peixes, frutas e outros víveres.

> Às seis horas da manhã bateu à porta seu José leiteiro. Trazia às costas as latas de leite das vacas do estábulo, um funil e uma colher redonda, para tirá-lo da lata e despejar na garrafa que o freguês trouxesse. Vinham, também, duas vacas e dois bezerros. Narcisa trouxe de dentro o copo de vidro graduado e o caldeirão. Seu José fez o bezerro chupar a teta da vaca, e se pôs a mondá-lo jorrando o leite no copo graduado. Encheu um litro e despejou no caldeirão. Jorrou mais meio litro no copo, que Narcisa despejou no caldeirão, disse "até amanhã" e foi fazer ferver. [...]
> O Castagnaro vendia "castagna assada ao forno". O forno era um fogareiro conduzido em carrinho de mão, uma roda e duas hastes de suporte. As castanhas iam sendo assadas, ele as tirava e enfiava num cordão, por meio de uma agulha. Juntando uma dúzia, amarrava na ponta de um pau. [...]
> Um homem traz às costas um jacá de taquara preso a tiracolo. Pelos vãos largos do tecido passam cabeças de frangos.
> – "Quanto custa o frango?"
> – "Mil e quinhentos".
> – "Dou mil e duzentos."
> Discute-se e o vendedor deixa por mil e trezentos. Afasta as malhas do jacá com as mãos e tira um frango preto. A compradora sopra-lhe o pescoço: "Esse não quero, porque tem pele preta". O homem tira outro, o mais magro de todos: "Não serve, pode ir-se embora".
> O homem não quer ir. Discutem, discutem, e afinal fica com um mais gordo pelos mil e trezentos [...][78].

---

[78] Jorge Americano, *op. cit.*, 1957, pp. 111-22.

Vista do pátio interno do Mercado Grande, com barracas e quiosque, na várzea do Carmo. Detalhe da tela *Inundação da várzea do Carmo*, de Benedito Calixto.

O memorialista Jorge Americano descreve as relações que os vendedores estabeleciam com os moradores da cidade, afirmando que alguns deles se integravam de tal forma ao cotidiano que eram identificados pelo nome e pelo trabalho que realizavam de porta em porta. Presentes no dia a dia de diversas famílias, os negociantes estabeleciam relações que os tornavam membros conhecidos pelos consumidores, muitas vezes firmando clientelas que poderiam durar anos. Se, às vezes, as relações entre os ambulantes podiam ser permeadas por rivalidades étnicas e culturais e disputas por pontos, as relações entre eles e os consumidores podiam se expressar em práticas de ajuda mútua, possibilitadas pela oferta de alimentos, lenha, ervas medicinais e outros produtos por preços mais baixos, muitas vezes pagos a prazo. Para o comerciante, as vantagens estavam na obtenção de rendas garantidas periodicamente e na formação de uma clientela segura.

Além das feiras e do intenso comércio ambulante praticado por populares, até as primeiras décadas do século XX, também tinham grande importância na cidade os mercados públicos. Desde 1867 o município contava com um estabelecimento localizado na várzea do Carmo, entre a rua 25 de Março e a ladeira General Carneiro, conhecido à época como Mercado Grande[79].

---

79 Como mencionaremos mais adiante, o Mercado Grande correspondia, na verdade, ao chamado Mercado 25 de Março.

Observando o detalhe da tela de Benedito Calixto, de 1892, nota-se a disposição do corpo principal do mercado e, à sua volta, pequenos *compartimentos* pintados em tom azul que se abrem para o *pátio* fechado por muros. Em seu interior, é possível distinguir uma aglomeração de barraquinhas e um ajuntamento de indivíduos, que poderiam ser carroceiros, ambulantes ou carregadores de mercadorias, cargas e animais. Ernani Silva Bruno, nos seus estudos sobre a história de São Paulo, comenta que

> Já no próprio ano da construção do mercado o seu administrador oficiava à Câmara queixando-se de que alguns inquilinos promoviam ajuntamentos de negros que faziam algazarra e de outros que atrapalhavam o trânsito, espalhando na frente dos seus compartimentos caixões, galinheiros, barricas e jacás. Também os animais faziam estrago no mercado novo[80].

Descontente com a presença de populares no mercado, o seu primeiro administrador manifestava-se contra a presença de negros, roceiros e outros comerciantes que para lá se dirigiam para fazer negócios. Os mencionados "ajuntamentos" e a "algazarra" no espaço do mercado permitem imaginar que os comerciantes que nele se instalavam eram trabalhadores oriundos do comércio que se fazia pelas ruas e praças da cidade.

Até o ano de 1905, o prédio do Mercado Grande era organizado por instalações diferenciadas: havia cerca de 26 *quartos*, onde funcionavam negócios de açougues, secos e molhados, fazendas, queijo, toucinho, armarinhos, louças etc. A maior parte das locações era composta de pequenos *compartimentos*, cerca de duzentos, nos quais instalavam-se, em 1905, 62 pontos de vendas de frutas

---

[80] Ernani Silva Bruno, *História e tradições da cidade de São Paulo, v. 2 – Burgo de Estudantes (1828-1872)*, São Paulo: Hucitec, 1984, pp. 686-7.

estrangeiras e nacionais, 27 locações para queijos, conservas em lata, fumo, manteiga, frutas secas e 37 para vendas de mantimentos em geral[81].

Em 1904, a prefeitura determinou os preços das locações do Mercado 25 de Março:

TAXAS DE ALUGUEL DOS QUARTOS E COMPARTIMENTOS DO MERCADO 25 DE MARÇO (1904)[82]

Tabela das taxas de aluguel a que se refere o presente acto:	
Compartimentos novos, de ns. 1 a 14, por mez	80$000
Compartimentos novos, de ns. 15 a 17, por mez	100$000
Compartimentos novos, de ns. 18 a 53, por mez	80$000
Compartimentos novos, de ns. 54 a 63, por mez	100$000
Compartimentos novos, de ns. 64 a 165, por mez	40$000
Compartimentos novos, de ns. 166 a 208, por mez	100$000
Quartos antigos, de ns. 1 a 26, por mez, o grande 450$000 e os pequenos 150$000	

No quadro, observa-se que um compartimento, localizado entre os números 64 e 165, custava 40$000, enquanto o aluguel de um quarto antigo pequeno atingia 150$000 réis mensais. A partir desses números, depreende-se que os *quartos antigos* constituíam um espaço privilegiado do Mercado Grande, onde os aluguéis eram mais caros devido à amplitude das locações, oscilando entre 150 e 450$000 réis. Os *compartimentos novos* talvez fossem assim denominados por serem acréscimos incluídos em reformas e ampliações sucessivas, como os que aparecem na tela de Benedito Calixto, e também por conta de suas dimensões menores e com locações

---

81 Antonio da Silva Prado, Relatório de 1905, apresentado à Câmara Municipal de São Paulo, São Paulo: Casa Vanorden, 1906, p. 124.

82 São Paulo, ato n. 189, de 2 de dezembro de 1904, *Leis e Atos do Município de São Paulo do ano de 1904*, São Paulo: Graphica Paulista, 1935, pp. 123-4.

mais baratas, variando de 40 a 100$000 réis. Em junho de 1906, foi cobrado o valor de 20$000 réis mensais de um comerciante de cestas interessado em estabelecer-se em uma das *pilastras* do mercado[83]. Diante dessas mensalidades, percebe-se que as pilastras, locais onde se estabeleciam negócios de diversas naturezas, como armarinhos, lojas de cerâmica e comércio de cereais, eram locações mais acessíveis aos comerciantes pobres.

O Mercado dos Caipiras ficava ao lado do Mercado Grande. Ali, concentrava-se um grande número de comerciantes de origem nacional, principalmente chacareiros, sitiantes, agregados e meeiros que produziam e comercializavam gêneros de primeira necessidade. Considerado pela administração pública um anexo do Mercado 25 de Março devido à proximidade com este, o Mercado dos Caipiras se destaca na documentação como um território bem demarcado e tradicionalmente reconhecido como espaço de comércio dos trabalhadores nacionais. Caracterizava-se pelas transações feitas ao ar livre, nas próprias carroças que ali estacionavam, ou nos poucos compartimentos existentes. O fato é que nesse local os impostos eram muito inferiores àqueles pagos pelos comerciantes estrangeiros no Mercado 25 de Março, o que provocava, inclusive, disputas judiciais entre os negociantes desses dois territórios, como se verá no terceiro capítulo.

No Mercado dos Caipiras, os trabalhadores expunham e vendiam gêneros de primeira necessidade, como cereais – arroz, milho, feijão –, além de farinha, aves, ovos; objetos artesanais, como cestos, cachimbos, panelas de barro, colheres de pau; e ervas medicinais, óleos e outros produtos de uso cerimonial[84]. Localizado ao lado do Mercado 25 de Março, à rua do mesmo nome, o Mercado dos Caipiras era também conhecido como Mercado dos Tropeiros. O comércio popular de alimentos

---

83 Pedido de licença encaminhado à Intendência de Polícia e Higiene em setembro de 1906. Arquivo Histórico Municipal, Fundo PMSP, Caixa 686.

84 As informações sobre os produtos comercializados no Mercado dos Caipiras foram obtidas nos documentos da administração municipal, como petições, despachos e relatórios de fiscais dos anos de 1906 a 1912. Arquivo Histórico Municipal, Caixas 684, 685 e 686.

nesse local antecede a criação do Mercado 25 de Março, pois essa região era, tradicionalmente, um polo aglutinador informal de produtores e vendedores de gêneros alimentícios, animais e produtos vindos das áreas de lavoura de São Paulo e seu entorno ao longo dos séculos XVIII e XIX.

Na várzea do Carmo, que serviu primeiramente como zona portuária, paravam as embarcações vindas pelo rio Tamanduateí. Posteriormente, a região proporcionaria abrigo para tropeiros que buscavam a capital para o comércio de alimentos. Essas atividades de cunho comercial definiam a várzea do Carmo como um território genuinamente popular e ligado ao abastecimento alimentício da cidade de São Paulo. Além disso, a região concentrava diferentes formas de trabalho, constituindo um território de confluência, circulação e trocas entre grupos populares de diferentes regiões da cidade.

Investigando a localização dos espaços populares e das formas de trabalho em que se envolviam os trabalhadores nacionais, o historiador Carlos José Ferreira dos Santos[85] identifica, na várzea do Carmo, a presença de um grande número de lavadeiras, mulheres que prestavam serviços domésticos, ervanários, benzedores, carroceiros, carregadores e vendedores ambulantes. Segundo Santos, os trabalhadores ligados à produção e ao comércio de alimentos vendiam, além dos gêneros, diversos objetos de uso místico, como peles, ossos e dentes de animais, que eram usados como amuletos e patuás. Também ofereciam óleos de banha, plantas e sementes como recursos medicinais.

De acordo com o memorialista Jacob Penteado, o Mercado dos Caipiras era atrativo devido à diversidade de produtos vendidos e curiosidades que lá se encontravam:

Todas as semanas, eu e tia Roma íamos ao Mercado Municipal, na Rua 25 de Março [...]. Ao seu lado, já nos terrenos da Várzea, havia o chamado Mercado

---

85 Carlos José Ferreira dos Santos, *Nem tudo era Italiano: São Paulo e pobreza (1890-1915)*, São Paulo: Annablume, 1995.

Caipira onde ficavam os vendedores de farinha de mandioca, milho, doces de frutas, aves domésticas, papagaios, araras, macacos, ouriços, ervas medicinais etc. Defronte da ladeira Porto Geral saía o trenzinho da Cantareira [...]. Um belo passeio, pois atravessávamos a Várzea inteirinha, então cheia de valetas, lagoas e mato bem alto[86].

Na Várzea visitada por Penteado quando criança, os mercados destacavam-se como referências marcantes pela diversão que proporcionavam. Sua descrição do Mercado dos Caipiras assinala as vendas de cereais, animais exóticos e ervas medicinais, e recorda que a várzea do Carmo, na primeira década do século XX, era cheia de alagados e capoeiras, formando um dos cenários mais representativos de São Paulo daquele período.

Nesta fotografia de 1898, identifica-se o Mercado Grande na extremidade direita da imagem, onde há um ajuntamento de carroceiros; à esquerda, estendendo-se em direção ao Tamanduateí, está o Mercado dos Caipiras.

O Mercado Grande (ou Mercado 25 de Março) e o Mercado dos Caipiras, 1898.

Até a sua remodelação, finalizada na década de 1920, a várzea do Carmo compreendia uma vasta área cortada pelo rio Tamanduateí, área que hoje conhecemos como parque Dom Pedro II, que permanecia alagada durante as cheias frequentes. Nos períodos de seca, "entre o Gasômetro e o Carmo [convento e igreja na rua do Carmo], dois braços do Tamanduateí formavam uma ilha. Um desses é o leito atual e

---
86 Jacob Penteado, *Belenzinho, 1910: retrato de uma época*, São Paulo: Livraria Martins, 1962, p. 58.

Mercado dos Caipiras, 1915. Observe o cercado ao lado do mercado, destinado ao pernoite de animais dos tropeiros.

Trabalhadores em frente ao Mercado dos Caipiras por volta de 1900.

o outro corria paralelo à rua 25 de Março até juntar-se ao primeiro, ali pela altura do atual mercado"[87].

A imagem acima à esquerda permite visualizar a importância do rio Tamanduateí, antes de sua retificação, no cotidiano dos trabalhadores do mercado, visto que sua proximidade do Mercado Municipal tornava possível dar água e pouso aos animais de transporte e aos tropeiros. Separado do Mercado Grande por uma estreita faixa de terra, o rio constituía um elemento importante para a afluência significativa de comerciantes e tropeiros para essa região, pois o transporte de suas mercadorias e a própria sobrevivência dos comerciantes dependia de muares.

Retratadas em seu local de trabalho, as pessoas que aparecem na fotografia à direita são trabalhadores pobres, mas suas vestimentas não formam composições exóticas como descreveram alguns memorialistas do século XIX: alguns usam chapéus e vestem calças de algodão, enquanto outros usam um poncho, espécie de capa protetora, sapatos e camisas, chamando talvez a atenção dos contemporâneos pela desarmonia e simplicidade de suas roupas. Logo atrás desses indivíduos está o edifício do Mercado dos Caipiras, junto ao qual existia um cercado para

---

[87] Jorge Americano, *op. cit.*, 1957, pp. 146-7.

guarda dos animais e carroças, ao lado do Mercado 25 de Março e quase se confundindo com ele.

Nesse contexto, eram qualificados como "caipiras" os trabalhadores vinculados aos espaços e atividades marcadamente rurais. A ligação com o campo e o comércio de produtos trazidos das áreas rurais, associada à pobreza e ao modo de vida simples, contribuía para definir o estereótipo.

As denominações que o local recebia – Mercado dos Caipiras, Mercado Caipira ou Mercado dos Tropeiros – não correspondem apenas a um espaço construído e destinado ao comércio de gêneros básicos ligados ao mundo rural. Os mesmos termos eram aplicados também aos lugares frequentados – ranchos e pousos – por esses sujeitos em suas viagens, também chamados com frequência de Mercados dos Caipiras e Mercadinhos dos Caipiras.

> Como em quase todas as cidades brasileiras de então, eram comuns os *pousos e os ranchos, onde se abrigavam os caipiras* que vinham de sítios distantes da capital. Havia-os no Brás, junto à Chácara do Ferrão, no Lavapés, no Bexiga. *No Belém, o pouso ficava à margem esquerda do Tietê, entre a Saboneira e a rua Catumbi, [...]. Esse local era conhecido, também, por Mercadinho dos Caipiras* [...]. O pouso era constituído de barracões, alugados a um mil réis por noite[88].

Em 1893, a Câmara Municipal de São Paulo aprovou a construção de um Mercado de Peixe próximo ao Mercado Grande, que foi construído na rua das Peixarias, atual rua Dr. Bitencourt Rodrigues, na esquina da ladeira General Carneiro. Essa preocupação da administração em edificar uma seção exclusiva para o comércio de peixes faz lembrar que o fornecimento desse produto também contava com os pescadores que atuavam na várzea do rio Tamanduateí, nos córregos que cortavam a cidade e ao longo do rio Tietê. Assim como a construção do Mercado de São João

---

88 Jacob Penteado, *op. cit.*, 1962, pp. 79-80 (grifos nossos).

destinava-se a concentrar os vendedores de verduras, legumes e frutas, o Mercado de Peixe foi criado para centralizar boa parte do comércio de pescados, em sua maioria realizado por vendedores ambulantes.

> Salvador peixeiro traz sobre os ombros um pau roliço de cujas pontas pendem dois cestos, a modo dos peixeiros da China: tainha (peixe ordinário), badejo, garoupa, robalo, camarões. Um robalo grande (para o casal e quatro filhos e mais três empregadas) por 1.500, com camarões de graça para contrapeso.
> [...] Vem outro peixeiro. É um caipira que andou pescando uma dúzia de bagres no Tietê. Está descalço, e traz os peixes enfiados pela guelra num cipó[89].

Jorge Americano elabora uma hierarquia entre os peixeiros em função do produto que ofereciam. O primeiro, identificado pelo nome, revende peixes de melhor qualidade, produto de um trabalho sistemático e organizado; já o caipira surge como aquele que ocasionalmente consegue ter sucesso às margens dos rios que cortam a cidade. Mais uma vez é a imagem de um trabalho que acompanha os fluxos da natureza, que sobrevive da coleta, das oportunidades e do improviso que caracteriza as atividades dos caipiras.

No final da década de 1920, apesar dos melhoramentos introduzidos no mercado, da intensificação no controle sobre a venda ambulante e do surgimento de peixarias, ainda subsistem tanto o mercado quanto os vendedores de porta em porta.

> Merece referência cuidadosa a construção de um frigorífico e de um mercado de peixe no local do velho barracão, na travessa do Mercado, onde os vendedores de peixe faziam leilão da sua mercadoria e donde partiam os ambulantes que serviam toda a cidade.

---

89 Jorge Americano, *op. cit.*, 1962, pp. 113-4 (grifos nossos).

Não podia continuar a situação existente. Faltavam todas as condições de higiene; não havia espaço, a água para limpeza era escassa, nenhuma comodidade se tinha. Aproveitando apenas o terreno, a Prefeitura construiu um mercado e um frigorífico. *Aí se faz todo o dia o leilão do peixe comprado pelos ambulantes* e para as peixarias, que já se contam por vinte atualmente. A Prefeitura exige o transporte frigorificado do peixe que São Paulo importa de Santos e do Rio de Janeiro[90].

De acordo com o relato do prefeito Pires do Rio, o Mercado de Peixe era o entreposto em que os vendedores ambulantes se abasteciam para a revenda pelas ruas. De modo semelhante ao que ocorreu com o Mercado Grande – demolido e reconstruído para adequar-se às novas exigências da higiene –, o barracão que desde 1893 abrigava o comércio de peixes foi demolido e, no mesmo local, deu lugar a um novo mercado e a um frigorífico para conservação de peixes trazidos de Santos e do Rio de Janeiro.

O jurista e memorialista Jorge Americano (1891-1969), escrevendo sobre a capital paulistana do início do século XX, comenta a reconstrução do Mercado Grande:

> Demolido em torno de 1907, edificou-se outro, então chamado Mercado Novo, na parte baixa da rua General Carneiro, fazendo face também para a várzea do Tamanduateí, isto é, a rua 25 de Março. Era uma construção de alvenaria coberta de telhas coloniais, sortia-se diretamente das chácaras dos subúrbios à margem da Central do Brasil[91].

Após sua reconstrução, o Mercado Grande passou a ser conhecido como Mercado Novo, sendo depois oficialmente denominado Mercado 25 de Março.

---

90 Ofício dirigido à Câmara Municipal pelo prefeito Dr. J. Pires do Rio sobre os trabalhos realizados nos anos de 1926, 1927 e 1928, São Paulo: Biblioteca da Câmara, 1928 (grifos nossos).

91 Jorge Americano, *op. cit.*, 1962, p. 6.

Neste panorama da Várzea do Carmo, temos em primeiro plano o Mercado Municipal da rua 25 de Março, *c.* 1918.

Funcionava como principal entreposto para compra e venda de gêneros alimentícios, devido à maior demanda que havia em seu entorno. No relato de Americano, é interessante notar a referência às chácaras e lavouras próximas à Estrada de Ferro Central do Brasil – que cortava os bairros do Brás, Mooca, Tatuapé e, mais ao longe, São Bernardo – como fornecedoras de alimentos.

Na fotografia, tomada a partir do Palácio do Governo, vemos ao fundo as obras no aterro do Brás durante as obras de remodelação da várzea do Carmo. Observa-se, à esquerda, o prédio novo do mercado e um ajuntamento de carroceiros na travessa do mercado, atual rua Dr. Bitencourt Rodrigues. No início do século XX, O Mercado 25 de Março já não abria suas portas para o lado de fora; ao contrário, voltava-se para dentro, sendo fechado por grandes muros e permitindo o acesso dos consumidores por um reduzido número de portões. Em sua nova localização, a estrutura física do estabelecimento redefiniu-se pela separação e especialização dos espaços, como vemos no quadro a seguir.

DEMONSTRATIVO DOS QUARTOS E COMPARTIMENTOS OCUPADOS NO MERCADO 25 DE MARÇO (1917)[92]

Números de quartos	Comércio	Vagos	Ocupados
1 a 25	Açougues		25
Compartimentos			
1 a 15	Salgados		15
26 a 63	Laticínios		38
65 a 99 (só números ímpares)	Laticínios		18
64 a 98 (só números pares)	Frutas frescas		18
100 a 129	Frutas frescas		30
131 a 165 (só números ímpares)	Frutas frescas		18
130 a 164 (só números pares)	Diversos		18
166 a 209	Gêneros alimentícios	4	38

Os quartos, que antes da mudança eram os espaços mais caros do mercado, após 1907 são destinados exclusivamente à instalação de açougues. Ao longo da segunda década do século XX, os compartimentos são organizados por tipos de produtos, reservando-se a maior parte das locações para o comércio de frutas. Também aumentam os cômodos de laticínios e os de gêneros alimentícios (cereais em geral). No espaço descoberto ao redor dos muros que cercavam o mercado, definiu-se um território de vendas que a prefeitura chamava de "área externa", visível em um cartão-postal datado de 1909, que pode ser visto na página seguinte.

O fotógrafo enquadrou a área externa do mercado, destacando as diversas atividades desenvolvidas pelos trabalhadores. Chamam a atenção os modos como eram vendidas as mercadorias: em pequenas barracas, cestos, sacos, balaios, bancos e mesas,

---

[92] Washington Luís Pereira de Souza, Relatório de 1915, apresentado à Câmara Municipal de São Paulo, São Paulo: Casa Vanorden, 1916, p. 19.

merecendo destaque os negros e mestiços agachados sobre cestos e volumes de alimentos. Nessa imagem, o tom "pitoresco" do comércio realizado por populares foi transformado em atrativo para o postal, qualificando as vendas populares de alimentos como práticas "exóticas". Ainda que consideradas as intenções na produção da imagem, nota-se que muitos trabalhadores nacionais, especialmente os de origem rural, vendiam pequenos volumes de alimentos em cestos, sacolas ou jacás, muitas vezes colocados ao chão ou em bancos e barracas bastante precários e improvisados.

Os quadros elaborados nos relatórios de prefeitos, em que se registram os movimentos de entrada de gêneros por carroças e volumes, mostram que a área externa do mercado era destinada sobretudo ao comércio de frutas[93]. Porém, outros comerciantes foram se instalando no prédio novo do Mercado 25 de Março. Um pedido de licença encaminhado em 1909 traz esclarecimentos sobre as margens de negociação possíveis e indicam a pluralidade de usos no interior dos mercados:

Exmo Sr. Dr. Prefeito Municipal Antonio da Silva Prado.
Salvador Pirri, estabelecido no Mercado Grande da rua 25 de Março, vem por meio deste, requerer a Vª Exª que se digne conceder licença para o suplicante vender pássaros em gaiola *no mercado de cabras, na entrada do portão (da rua 25 de Março)*
O suplicante, esperando favorável deferimento, espera Real Mercê
São Paulo, 12 de junho de 1909 – Salvador Pirri

Trabalhadores em barracas no pátio interno do Mercado Novo ou 25 de Março.

---

93 Washington Luís Pereira de Souza, Relatório de 1918, apresentado à Câmara Municipal de São Paulo, São Paulo: Casa Vanorden, 1919, p. 643.

O local que o requerente pede é destinado às *locações diárias* de cabritos, coureiros etc., não havendo atualmente lugar algum que lhe possa ser dado.
Assim deve-se indeferir a presente petição – 03/08/1909
Francisco Ferreira – Administrador[94].

Os improvisos marcavam a utilização dos espaços no interior dos mercados. Em sua petição, o comerciante Salvador Pirri, que tinha banca no mercado, solicitou autorização para vender pássaros em gaiola no *mercado de cabras* que, segundo ele, funcionaria no portão de entrada na rua 25 de Março. O administrador admite apenas a existência de um local destinado à venda diária de animais e peles, aparentemente um lugar restrito e provisório. Dessa troca de papéis, é possível depreender que o portão de acesso ao mercado provavelmente concentrava a venda de animais vivos, como ovelhas, novilhos, aves e outras criações, e que o espaço era disponível aos criadores interessados em alugá-lo por curtos períodos, ou mesmo por dia, o suficiente para vender os animais que traziam.

Além do pagamento de taxa diária para instalação, a prefeitura recolhia o Imposto sobre Produtos, um valor cobrado pelo tipo de alimento colocado à venda. A comercialização de cabras e couros, localizada no portão do Mercado 25 de Março, aponta para a existência de transações ligadas aos trabalhadores do campo – a criação, o transporte e a aquisição desse tipo de animal pressupõem a presença de fornecedores não muito distantes da área urbana de São Paulo e de um público com condições para o abate ou a criação em chácaras e quintais.

Apesar da mudança do Mercado 25 de Março, em 1907, o Mercado dos Caipiras continuou a funcionar ao seu lado, com a mesma estrutura física, como se vê na imagem seguinte:

---

94 Pedido de licença encaminhado por Salvador Pirri à Intendência de Polícia e Higiene em 1909. Arquivo Histórico Municipal, Fundo PMSP, Caixa 685 (grifos nossos).

Enquadrando os jardins do novo parque Dom Pedro II, a fotografia revela a cobertura do Mercado 25 de Março, em primeiro plano, e permite avaliar seu tamanho, a distribuição paralela de três conjuntos de quartos e compartimentos, as construções ao redor de todo o muro do mercado e a existência de pequenos espaços vazios em seu pátio, provavelmente destinados a instalações diárias de barracas. Ao fundo e à esquerda, após as árvores do parque Dom Pedro II, vê-se o Mercado dos Caipiras. Observa-se na foto a retificação do leito do Tamanduateí e um distanciamento maior de suas águas em relação aos mercados.

Em primeiro plano, o Mercado 25 de Março. À esquerda, ao fundo, o Mercado dos Caipiras, 1915. Na imagem, é possível observar as transformações operadas na várzea do Carmo com seu aterramento, a retificação do leito do rio e a arborização, dando lugar ao parque Dom Pedro II.

Até a primeira década do século XX, o Mercado dos Caipiras constituía um território popular onde se concentravam os comerciantes de origem nacional, vendendo gêneros alimentícios, carnes, aves, ervas e uma variedade de produtos para os mais diversos usos. Pode-se supor que esse estabelecimento funcionava também como espaço de troca de experiências e conhecimentos não apenas entre os vendedores ali instalados, mas também entre estes e os consumidores de seus produtos. Adquirindo ervas e objetos medicinais, os compradores poderiam conhecer os variados tipos de plantas e suas propriedades.

Uma investigação encomendada pelo Serviço Sanitário do Estado de São Paulo a Frederico Carlos Hoehne, diretor do Instituto de Botânica e estudioso de plantas tóxicas e medicinais, com a finalidade de identificar os tipos de ervas, sementes, objetos e demais produtos que eram comercializados nas ruas da capital, permite saber o que e onde esses produtos eram vendidos e conhecer seus possíveis clientes.

O trabalho, publicado no ano de 1920 e intitulado *O que vendem os ervanários da cidade de São Paulo*, traz uma listagem de todas as ervas, sementes, raízes, óleos e demais substâncias disponíveis para venda em São Paulo, acompanhada da indicação medicinal que os populares atribuíam a cada uma delas. O tipo de informação reunida nesse estudo – que apresenta, inclusive, os nomes científicos de cada substância – aponta para um intenso debate sobre os conhecimentos advindos da "medicina popular", marcado pela criminalização dos sujeitos envolvidos com essas práticas. O discurso de Hoehne, representando médicos, autoridades de saúde e o próprio Serviço Sanitário do Estado, marginalizava os ervanários e afirmava a autoridade científica na concessão de validade aos produtos medicinais:

> Saber-se o que vendem os ervanários e o que fazem os curandeiros, se nos afigura uma questão de magna importância para a saúde pública e consideramos muito bem empregado todo o tempo e dinheiro que se despenda para seu completo elucidamento. [...] um tal ervanário qualquer que vende hoje um vegetal sob determinado nome, amanhã, fornecê-lo-á com outro e talvez para fins diversos. E nem sempre é isto fruto de um descuido. A isto devem eles, aliás, o sucesso que têm. Se sempre apelidassem uma mesma espécie pelo mesmo nome e a indicassem para os mesmos fins, em pouco tempo ela se tornaria conhecida de todos que a usassem e não tardaria que os préstimos de ervanários passassem a ser dispensados[95].

Realizando o levantamento das substâncias e de suas indicações, o estudo de Hoehne abria caminho para a progressiva formulação dos medicamentos em

---

95 Frederico C. Hoehne, *O que vendem os ervanários da cidade de São Paulo*, São Paulo: Casa Duprat, 1920, pp. 6-7.

laboratório, ao mesmo tempo que expropriava e absorvia a transmissão de saberes populares largamente utilizados pelos moradores da cidade de São Paulo. As ervas, sementes, óleos e demais produtos eram trazidos por negros e mestiços ligados à "cultura caipira", obtidos nos bairros rurais paulistanos onde havia matas, animais para caça e terra para plantar. O relato de Hoehne dá uma ideia da diversidade de artigos vendidos pelos ervanários, descrevendo uma loja no Mercado dos Caipiras (ou Mercado Velho, como era também chamado):

> Se tentássemos penetrar sob uma daquelas meias águas de telha e zinco em que os ervanários do Mercado Velho expõem suas mercadorias, verificaríamos ser isto uma empresa de difícil execução. Por entrada possuem uma espécie de porta formada por amarrados de ervas, cestos com sementes, vidros sebentos com óleos ainda mais repugnantes; e da coberta pendem ressequidos ramos ou feixes de cipós em mistura com estorricadas peles de cobras, jacarés e lagartos, tatus e molhos de cebolas entre os quais teríamos de nos esgueirar, evitando ainda as cestas diversas, vidros de óleos, pastas de cera da terra, etc. [...]. E, chegados lá dentro, encontrar-nos-íamos em um ambiente quase completamente escuro, impregnado pelo odor das ervas, empilhadas em molhos e sacos, em mistura com o odor das peles frescas dos tamanduás ou das caveiras de jacarés, que ainda completam a exdicção; [...]. Utopia seria tentar fazer o inventário completo de um semelhante bazar e para isto teríamos de destruí-lo, pois as suas paredes em geral são feitas com os próprios artigos expostos à venda[96].

No trabalho de Hoehne, o tom jocoso desqualifica o comércio realizado por populares, reprovando tudo o que se via, desde o acondicionamento dos artigos aos tipos de mercadorias e espaços. Toda a forma de organização da loja apresentada na página seguinte, na fotografia à esquerda, tinha raízes na cultura caipira: a abundância das

---
96 Frederico C. Hoehne, *op. cit.*, pp. 214-5.

mercadorias permite inferir que os preços eram bastante acessíveis à população pobre; a estocagem era feita em grande quantidade e acumulada por tempo indefinido; em um único compartimento, era possível encontrar remédios, objetos de uso místico e gêneros alimentícios como cebola, alho, pimenta, entre outros.

No Mercado dos Caipiras, havia uma dessas aglomerações de ervanários identificadas pelo Serviço Sanitário. Os "caipiras" e "pretos velhos", como eram popularmente conhecidos, eram indivíduos continuamente procurados pela população que buscava remédios para males físicos como diarreias, febre, doenças de pele, hemorroidas e dores reumáticas, além de serem requisitados para trabalhos espirituais.

Contrariando a narrativa de Hoehne, que destacava o exotismo e o primitivismo dessas práticas, a imagem à direita mostra Pai Inácio em uma postura de extrema dignidade e seriedade, que pode indicar o prestígio, o respeito e reconhecimento

Ervanário no Mercado dos Caipiras, 1920. A legenda original que acompanhou sua publicação destacava as raízes de "tayayá" em primeiro plano na imagem.

Barraca do Pai Inácio, no Mercado dos Caipiras, 1920. Observar que, além de ervas medicinais e outros apetrechos de uso místico, eram vendidos nela também passarinhos e papagaios.

popular em torno dos conhecimentos desses ervanários. Considerando que o acesso a tratamentos médicos e a aquisição de remédios "cientificamente" reconhecidos estavam bem longe da realidade dos trabalhadores pobres, pode-se imaginar que a procura pelos medicamentos oferecidos na rua era grande entre a população mais humilde. Além disso, essas práticas envolviam uma estratégia de resistência cultural partilhada por nacionais e imigrantes que se valiam dos conhecimentos herdados de populações indígenas e africanas. O comércio desses saberes e produtos realizava-se como troca cultural entre nacionais pobres, geralmente vindos de áreas rurais, e os trabalhadores urbanos em geral.

Em 1908, o caso do mulato gaúcho Jerônimo do Espírito Santo, o "Sabará", que, com cerca de 40 anos, ganhava a vida vendendo raízes, peles e dentes de cobra nas ruas próximas ao Mercado 25 de Março, indica os conflitos que podiam resultar da convivência entre nacionais e imigrantes pobres e do preconceito disseminado contra os ervanários, mesmo entre sujeitos da mesma condição social:

> Nas ruas da "cidade italiana" [Sabará] surgia como um personagem marginal, "vestido de bombachas exageradíssimas, chapéu cinzento de abas largas, botas de couro pretas e grande faca à cinta". Ao percorrer a rua 25 de Março, um grupo de meninos italianos se põe a ridicularizá-lo, chamando-o de "*caipira, negro, macumbeiro*". Sabará dá uns tapas em um dos meninos, que chama o pai em seu socorro. Agarrando o vendedor ambulante pelo cavanhaque, o italiano desafia: "Seu negro, foi você que bateu em meu filho?". A resposta é uma facada mortal[97].

Outro estabelecimento importante para o abastecimento alimentício de São Paulo era o Mercado de São João, inaugurado em 1890 na rua de São João, nas imediações do Anhangabaú. Esse mercado foi construído para abrigar o comércio

---

97 Boris Fausto, *Crime e cotidiano: a criminalidade em São Paulo – 1880/1924*, São Paulo: Brasiliense, 1984, p. 140 (grifo nosso).

de frutas e verduras realizado no Mercado das Casinhas, à rua do Tesouro. O jurista e memorialista Jorge Americano, tendo conhecido pessoalmente esse estabelecimento, cita alguns tipos de produtos ofertados:

> O mercadinho era quadrado, 50 × 50, uma entrada central em cada face. Havia frutas, cereais, legumes, verduras, linguiças, frangos, toda a pequena produção das chácaras dos arredores da cidade, e um setor de peixe, vindo de Santos. Nada de artigos que não fossem comestíveis, a não ser as cestinhas e peneiras tecidas em taquara e os potes e moringas de barro. Nos comestíveis, bacalhau seco, mas não produtos enlatados[98].

Os mercados foram alvo de inspeções sanitárias frequentes por parte de higienistas. Na foto, um registro fotográfico produzido pelos médicos do Instituto de Higiene durante visita à seção de açougues do Mercado de São João, sem data especificada.

---
98 Jorge Americano, *op. cit.*, 1957, p. 111.

Mercadinho São João, c. 1910. No primeiro plano, a rua de São João; no plano médio, à esquerda, continuação da rua Formosa.

A estrutura metálica do Mercado de São João comportava aproximadamente cinquenta quartos, onde se distribuíam, em 1908, 28 açougues, 5 quitandas, 8 casas de cereais, 8 vendas de aves. Cerca de dez bancas de armarinhos estavam instaladas nas pilastras do mercado, além de catorze mesas colocadas nos corredores para a venda de frutas e verduras[99]. Desde sua inauguração, foram montadas barraquinhas em sua área externa, provavelmente para instalar comerciantes interessados em pagar locações mais baratas.

Territórios populares na cidade, os mercados misturavam vendedores e clientes, roceiros e imigrantes pobres em intensa atividade comercial. Na disputa pela

---

99 Antonio da Silva Prado, Relatório de 1908, apresentado à Câmara Municipal de São Paulo, São Paulo: Casa Vanorden, 1909, p. 35.

clientela, o pregão era uma das formas mais comuns de chamar a atenção dos fregueses: alguns vendedores destacavam-se pelo grito; outros, pelos sotaques diferenciados, fazendo versos ou cantando modinhas.

Em suas visitas ao Mercado de São João, o memorialista Paulo Cursino de Moura impressionou-se com o barulho e o grande ajuntamento de populares. Ele registra o movimento contínuo e extenuante de trocas comerciais, quando se ouviam, além dos pregões, o palavrão, as brigas e reclamações entre vendedores. Reconhecendo a presença de diferentes grupos estrangeiros no comércio de alimentos, o memorialista comenta o ingresso cada vez mais frequente de concorrentes estrangeiros num setor antes concentrado nas mãos dos vendedores nacionais:

São João, ah, companheiro fiel. Teve a sua grandeza urbana e a sua tradição imorredoura. A primeira etapa: baixada do Anhangabaú, então aterrada, limpa, salubre. À direita, o Mercadinho de São João. Barracões feios, imundos, suando energia e atividade, na ânsia do lucro, nessa avançada heterogênea de

Nos fundos do Cassino Paulista (barracão redondo à esquerda), temos o teatro Polytheama e, na esquina à direita, o Mercado de São João, 1899.

nacionalidades várias [...]. Que luta! Um formigueiro de gente, o velho mercadinho! Desde a madrugada, o rebuliço, a algazarra do pregão. A sinfonia do reclame. O palavrão da plebe. O calão da escória, nos esgares da vida, aos soquinhos da palpitação esclerótica. O dia inteiro nessa lufa-lufa extenuante[100].

Percebe-se nesse relato uma divisão clara entre os espaços urbanos já remodelados e saneados e aqueles – como o trecho da rua de São João em torno do velho mercado – onde estariam a sujeira e a feiura da cidade.

Porém, antes de completar 30 anos de existência, o Mercado de São João, que havia nascido para substituir o comércio da rua das Casinhas, foi extinto pelas intervenções saneadoras. A imagem da página anterior, de 1889, tirada a partir do Hotel Sportman, localizado na rua Líbero Badaró, mostra um panorama das áreas centrais a oeste do Anhangabaú. Entremeados a casarões e sobrados residenciais das "boas famílias paulistanas", vemos construções precárias, terrenos baldios, espaços de trabalho e diversões populares.

No processo de alargamento e retificação desse trecho da rua São João, próximo ao Anhangabaú, o mercado e os demais territórios populares, alguns deles de má fama, foram demolidos e deram lugar a um elegante bulevar. Desmontado o mercado, em 1916, seus comerciantes foram transferidos provisoriamente para baixo do viaduto Santa Ifigênia, na rua Anhangabaú, em ponto que ficou conhecido popularmente como "Mercado do Buraco".

O encarecimento dos gêneros alimentícios e as dificuldades de subsistência dos trabalhadores pobres, quando somados aos movimentos contra a carestia de vida e as reivindicações populares, podiam piorar ainda mais uma conjuntura de crise e instabilidade, como ocorreu na rebelião armada de 1924. Por meio do relatório de Ernesto Xavier Evans, administrador do Mercado da rua Anhangabaú, como era chamado pela administração municipal, descobrimos uma reação popular relacionada à falta de alimentos, em 1924:

---

100 Paulo Cursino de Moura, *São Paulo de outrora: evocações da metrópole*, São Paulo: Melhoramentos, 1932, p. 96.

A 9 de julho foi este Mercado assaltado pelo povo e completamente saqueado, ficando todos os compartimentos em completa desordem, com os destroços das depredações praticadas pelos assaltantes que, não satisfeitos com o que carregavam, inutilizaram aquilo que não podiam conduzir; além disso deixaram os portões completamente danificados e a cobertura de zinco do Mercado foi toda furada por tiros de fuzil[101].

Foram levados aparelhos telefônicos, caixas registradoras, ganchos e ferramentas de açougues, carnes, mercadorias, aves e tudo quanto havia nas bancas e quartos. Carregando todas as mercadorias e alimentos existentes no recinto, a população exteriorizava sua revolta com as dificuldades na obtenção dos alimentos básicos, como arroz, feijão e farinha. Após a invasão, as instalações do Mercado da rua Anhangabaú (ou "do Buraco") foram consertadas e seu funcionamento foi regularizado, tendo o mercado permanecido em atividade até o final dos anos 1920.

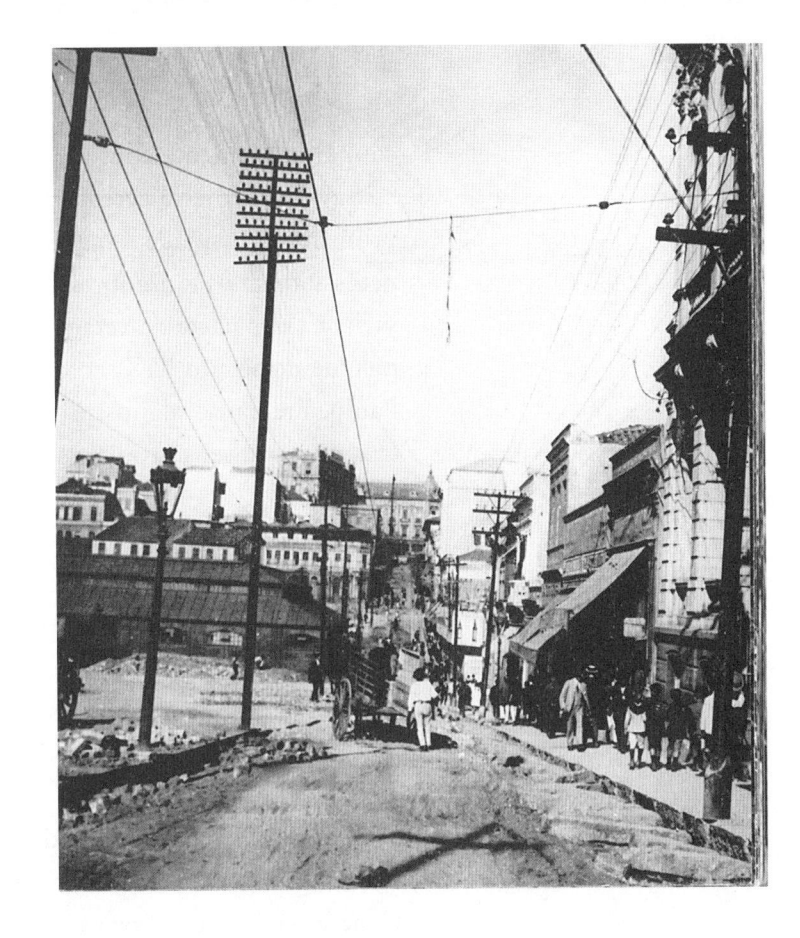

O Mercado de Santo Amaro, construído em 1897 no largo de São Benedito[102], atual praça Dr. Francisco Ferreira, destacava-se na estrutura do abastecimento da

Alargamento da rua São João, 1913. À esquerda, o mercado; ao fundo, a praça Antonio Prado.

---

101 Firmiano de Moraes Pinto, Anexos ao Relatório de 1924, apresentado à Câmara Municipal de São Paulo, São Paulo: Casa Vanorden, 1925.

102 Luís Alberto do Prado Passaglia, *Mercado Velho de Santo Amaro*, São Paulo: PMSP/SMC – Departamento do Patrimônio Histórico, 1987, p. 7. Segundo o autor, essa construção, ampliada em 1903, veio substituir um mercado provisório instalado em um barracão, em 1893-4.

capital, juntamente com Embu, Itapecerica da Serra e Cotia. Desde o século XVIII, essa região fornecia cereais, madeira, pedra de cantaria, carvão e muitos gêneros de primeira necessidade – mandioca, feijão, milho, arroz e batatas inglesas – dos quais necessitavam os moradores de São Paulo. Cada vez mais, a vila de Santo Amaro passaria a fazer parte da retaguarda rural da capital, tornando-se, a partir da segunda metade do século XIX, como afirmam vários autores, o grande "celeiro"[103] de São Paulo. Enquanto alguns produtores comercializavam seus gêneros no atacado, outros vendiam seus produtos nos mercados ou nas ruas da cidade.

Exmo Sr. Prefeito Municipal de São Paulo.

Diz Salvador Camizzarro, proprietário e morador à várzea de Santo Amaro, que desejando vender ambulantemente, nos arrabaldes da Capital, várias espécies de frutas de sua chácara, isto é, conduzindo-as em cargueiro, vem por meio deste requerer a V. Ex. que se digne conceder-lhe o necessário alvará de licença[104].

Além dos mercados citados, é importante lembrar do Mercado do Largo de São Paulo, edificado por volta de 1895 no bairro da Glória, e do Mercado do Largo da Concórdia, instalado, provavelmente em 1897, no bairro do Brás. Ambos tiveram curta duração, sendo extinto o primeiro em 1898 e o segundo em 1906. A prefeitura justificava as extinções alegando que não havia locatários suficientes em suas instalações e que os rendimentos desses mercados não supriam nem o pagamento de porteiros e varredores. Comparando os mapas para controle de locações do Mercado do Largo da Concórdia, percebe-se que de fato seu movimento se manteve estável ao longo de uma década e com um número significativo de quartos e barracas desocupados:

---

103 Dagmar Vasconcelos Campos Nóbrega (org.), *História dos mercados municipais e feiras livres da cidade de São Paulo*, São Paulo: DPH/SMC/PMSP, s.d., datilografado, pp. 3-13.

104 Petição encaminhada por Salvador Camizzarro à Intendência de Polícia e Higiene no ano de 1906, São Paulo: Arquivo Histórico Municipal, Fundo PMSP, Caixa 684.

LOCAÇÕES NO MERCADO DO LARGO DA CONCÓRDIA (1900 E 1911)[105]

Mercado do Largo da Concórdia em 1900

Quartos		Barracas de verduras e quitandas		Locações especiais	
Açougues	5	Ocupadas	19	Gêneros do município	32
Botequim	1	Desocupadas	5	Para peixe	2
Gêneros alimentícios	14			Para tripas	26
Secos e molhados	14				
Ocupados	34	Total	24	Total	60

As locações especiais chegavam a 60 lojas, sendo ocupadas com a venda de peixes, tripas e gêneros do município. Em algumas situações, a venda de produtos distintos compartilhavam a mesma locação.

Mercado do Largo da Concórdia em 1911

Quartos		Barracas de verduras e quitandas		Locações especiais	
Açougues	5	Ocupadas	19	Gêneros do município	32
Botequim	1	Desocupadas	6	Para peixe	2
Gêneros alimentícios	18			Para tripas	26
Secos e molhados	6				
Fazendas/armarinho	3				
Ocupados	33	Total	25	Total	60

---

105 Antonio da Silva Prado, Relatório de 1901, apresentado à Câmara Municipal de São Paulo, São Paulo: Casa Vanorden, 1902, p. 10; e Raymundo Duprat, Relatório de 1911, apresentado à Câmara Municipal de São Paulo, São Paulo: Casa Vanorden, 1912, p. 11.

Considerando os espaços ocupados e desocupados para comércio no Mercado do Largo da Concórdia, havia um total de 57 "quartos". Não foi possível identificar todos os tipos de ocupação comercial lá presentes.

Por meio dessas tabelas, é possível visualizar a estrutura do Mercado do Largo da Concórdia: nele existiam açougues, lojas de secos e molhados, botequim e até armarinhos. Servindo à clientela da região do Brás, o local contava com 57 quartos em 1900, dos quais apenas 34 estavam em funcionamento. O setor de barracas para frutas e verduras parece melhor aproveitado, com quase todas as barracas ocupadas. Dez anos depois, esse quadro parece quase inalterado, verificando-se o mesmo número de quartos e barracas desocupadas. Se no decorrer de uma década o movimento desse estabelecimento não se altera, isso pode significar que não havia comerciantes interessados em ocupar essas instalações e também que o número de consumidores manteve-se estável apesar do crescimento populacional do bairro.

Outro dado que chama atenção é a existência de sessenta *locações especiais* que permaneceram sempre ocupadas, 32 delas destinadas à venda de gêneros produzidos no município, ou seja, aos produtores/comerciantes cujas lavouras localizavam-se dentro da cidade de São Paulo. A existência desses espaços para receber os produtores locais e a ocupação ininterrupta dos mesmos podem significar a configuração de um território semelhante ao Mercado dos Caipiras, utilizado por trabalhadores pobres que aí se concentravam devido a algum atrativo, como locações mais baratas, proximidade ou isenção de alguns impostos.

Geraldo Sesso Júnior (1890-1987), jornalista que se dedicava também à pesquisa histórica, deixou em uma de suas obras um registro importante sobre o Mercado do Largo da Concórdia e o seu fechamento, em 1906:

> Alguns [comerciantes] foram se estabelecer no antigo mercado da Cantareira, mais conhecido como "mercado dos caipiras", que então se achava na rua da Cantareira, imediações do atual mercado da Cantareira, [...]; outros foram

continuar seus negócios no velho mercado municipal, conhecido na época como "mercado velho". Este, que fora inaugurado em 1867, se achava localizado no atual parque D. Pedro, esquina da rua 25 de Março com a ladeira General Carneiro. Era um vasto prédio antigo, que não passava de um imundo pardieiro[106].

Por meio do relato de Sesso Júnior, sabemos que os comerciantes do antigo Mercado do Largo da Concórdia se distribuíram entre o Mercado dos Caipiras e o Mercado 25 de Março, sendo o primeiro um território popular, onde os impostos e aluguéis eram mais baixos porque a maioria do comércio realizava-se em barracas ao ar livre, atraindo chacareiros, comerciantes e trabalhadores pobres; por outro lado, as locações internas do Mercado 25 de Março eram geralmente ocupadas por indivíduos que lidavam exclusivamente com o comércio dos gêneros alimentícios, comerciantes de origem estrangeira que pagavam locações mais caras, portanto vendendo a preços mais caros – também no Mercado do Brás havia pequenos produtores que viviam em chácaras e sítios da capital e de localidades vizinhas.

Já o Mercado Rural de Pinheiros, inaugurado em 10 de agosto de 1910, destinava-se não apenas ao comércio de gêneros de subsistência, mas também à venda de chácaras, lotes de terra, materiais de construção e animais de corte, como consta em sua lei de criação:

Art. 3º – No referido mercado poderão ser vendidos, além das mercadorias comuns, fazendas, sítios, chácaras, terras agrícolas e de criação, colheitas, animais vivos ou isolados ou em manadas, tijolos, telhas, pedregulhos, areia, madeira, lenha, instrumentos agrícolas etc, criando a Prefeitura, no projeto

---

[106] Geraldo Sesso Júnior. *Retalhos da velha São Paulo*, São Paulo: Gráfica Municipal, 1983, p. 59. O autor trabalhou nos jornais *Correio Paulistano, A Gazeta, O Dia, Correio de São Paulo* e *Gazeta de Tatuapé*.

PREFEITURA DO MUNICÍPIO DE SÃO PAULO
DEPARTAMENTO DE ABASTECIMENTOS
ENTREPOSTO DE PINHEIROS

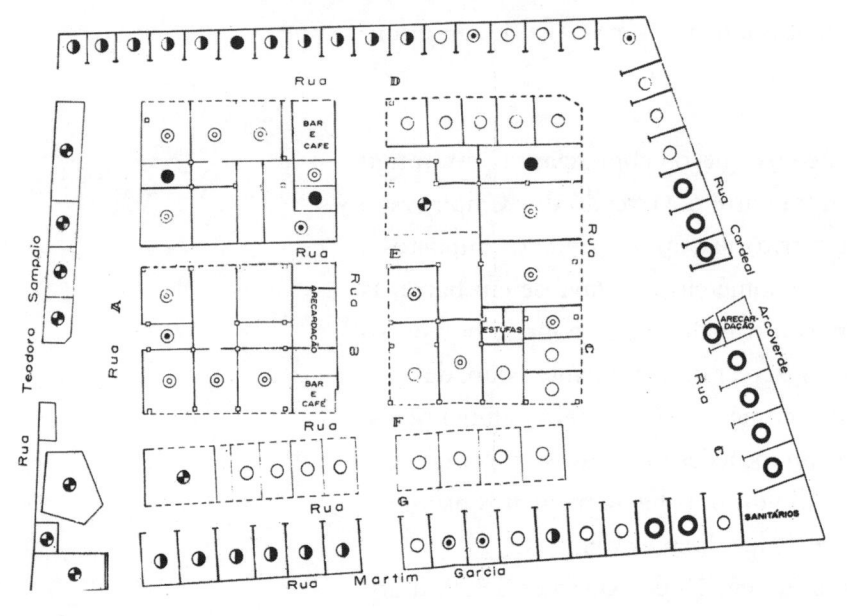

○ Verduras, legumes e frutas
◎ Secos e molhados (mercearias)
◓ Carnes, peixes e aves abatidas
◐ Laticínios, frios, salgados e massas
○ Aves, ovos, cabritos e leitões
◉ Outros
● Moagem de café

Planta interna do Mercado de Pinheiros.

de orçamento, taxas especiais para essas mercadorias[107].

A escolha da região de Pinheiros, entre as ruas Teodoro Sampaio e Cardeal Arcoverde – o atual Largo da Batata –, para instalação de um mercado rural relacionava-se ao fato de que ela era ponto tradicional de convergência de estradas para o "sertão", com pousos para tropeiros e comerciantes que vinham de Cotia, Ibiúna, Mboy (atual Embu), Piedade, Barueri, Itapecerica da Serra e Carapicuíba[108] em direção aos mercados de São Paulo:

A eles juntavam-se os vendedores de animais para corte ou tração, estabelecendo-se no bairro um próspero comércio entre os produtores e os intermediários ou simples compradores que se antecipavam à chegada dos produtos ao centro da cidade. Esse comércio, que a princípio se exercia esporadicamente, acabou se firmando, e Pinheiros passou a ser o ponto terminal na distribuição dos produtos provenientes desses municípios e de todo o sul do Estado[109].

---

107 Lei n. 1.240, de 20 de setembro de 1909 – Cria um mercado rural em Pinheiros. *In*: *Leis e Atos do Município de São Paulo do ano de 1909*, São Paulo: Gráfica Paulista, 1935, pp. 60-1.

108 José Simão Filho, "Pinheiros há meio século", *Jornal da Tarde*, São Paulo, 29 ago. 1981.

109 *Ibidem*.

Desde o seu início, o Mercado de Pinheiros passou a ser conhecido como "Mercado dos Caipiras", não só porque os produtores que a ele se dirigiam eram, em sua maioria, sitiantes dos municípios vizinhos[110], mas também pelos produtos ali comercializados. Na planta acima, percebemos a organização de seus compartimentos e a distribuição dos quartos e locações.

Comparando essa planta com as descrições dos demais mercados paulistanos, verificamos uma organização dos espaços melhor planejada. *Carnes, peixes e aves* estão concentrados nos compartimentos entre a rua Teodoro Sampaio e a rua A; *laticínios, frios, salgados e massas* são separados dos outros gêneros pelas ruas D e G. O comércio de *aves, ovos, cabritos e leitões* está isolado pela rua C, enquanto a maioria dos negócios de verduras, mercearias e moagem de café concentrava-se nos quartos no centro do mercado.

Essa distribuição meticulosa, em conformidade com as exigências da prefeitura, foi possível no Mercado de Pinheiros porque sua construção é mais recente e deve ter incorporado as experiências anteriores. No Mercado 25 de Março (1867), o primeiro de São Paulo, essa organização de locações não foi possível, uma vez que o aparecimento de seções diferenciadas acontecia em função da necessidade de acomodar novos comerciantes, resultando na ampliação e na adequação de sua estrutura. Assim, surgiram o Mercado de Peixe, o mercado de cabras, o mercado de tripeiros, entre outros espaços. No Mercado do Largo da Concórdia, a criação de uma "seção para gêneros do município" também foi previamente arquitetada para separar os trabalhadores "caipiras" dos demais empreendimentos.

A planta do Mercado de Pinheiros materializa as intenções da prefeitura de especializar os espaços, idealizando um ambiente funcional e organizando seções distintas em função dos produtos comercializados. A concepção de seu espaço interno dificulta a criação de territórios pelos trabalhadores, mas é possível imaginar

---

110 Antonio Barreto do Amaral, *O bairro de Pinheiros*, São Paulo: PMSP/SMC – Departamento de Cultura, 1980, p. 91.

que o uso desses quartos e locações redefiniria um novo desenho, cujos traços são hoje indistinguíveis.

Nos registros de entrada de gêneros no Mercado de Pinheiros referentes ao período de 1915 a 1924, não há variações nos tipos de produtos comercializados, encontrando-se nas tabelas os volumes mensais de feijão, milho, frangos, ovos, leitões, cabritos, toucinho, fumo, peru, cebolas e farinha de mandioca – destacando-se o volume de batatas, que, de 1.958.250 quilos em 1919[111], subiu para 2.314.180 quilos em 1924[112].

Em 1920, o engenheiro e vereador Luís Inácio de Anhaia Melo[113] encaminhou à Câmara Municipal a proposta de construção de um novo mercado na várzea do Carmo[114]. Anhaia Melo foi diretor da empresa Iniciadora Predial e da Cia. Cerâmica Vila Prudente, ambas criadas pelo arquiteto Ramos de Azevedo, responsável pela obra do futuro mercado. Naquele período, o prefeito Firmiano de Morais Pinto empenhava-se na construção de um parque nesse local, dando continuidade aos "melhoramentos" no centro da cidade desenvolvidos na gestão Washington Luís. Ambos os prefeitos se orientavam pelos projetos do arquiteto e paisagista francês Joseph-Antoine Bouvard, contratado na gestão de Raymundo Duprat (1911-1914) para projetar obras de embelezamento da cidade.

A construção do famoso "Mercadão", como é conhecido atualmente o Mercado Municipal de São Paulo, se insere no contexto de remodelação da várzea do rio Tamanduateí, por meio de parceria firmada em 1918 entre a Diretoria de Obras da prefeitura e a Companhia Parque da Várzea do Carmo. Esta companhia tinha entre

---

111 Relatório de 1919, apresentado à Câmara Municipal de São Paulo, São Paulo: Casa Vanorden, 1920, p. 18.

112 Relatório de 1924, apresentado à Câmara Municipal de São Paulo, São Paulo: Casa Vanorden, 1925, p. 66.

113 Luís Inácio de Anhaia Melo foi prefeito da cidade de São Paulo de dezembro de 1930 a julho de 1931 e, posteriormente, de novembro a dezembro de 1931. Como arquiteto, trabalhou em duas empresas criadas por Ramos de Azevedo, responsável pelo projeto do mercado da rua 25 de Março. Esses dados nos levam a inferir que, na qualidade de vereador, em 1920, mantinha relações de favorecimento com Ramos de Azevedo e demais interessados na construção do novo mercado da várzea do Carmo.

114 *Anais da Câmara Municipal de São Paulo*, São Paulo: Typographia Piratininga, 1920, p. 737.

seus diretores Ricardo Severo, do Conselho Fiscal, que também era sócio do escritório técnico Ramos de Azevedo[115]. Para viabilizar as reformas, coube à gestão Morais Pinto deslocar os mercados de peixe e verduras que funcionavam às margens do Tamanduateí, construindo um novo entreposto. A julgar pela declaração do diretor de obras, o empreendimento não deveria ser oneroso, nem duradouro: "Não se trata, de modo algum, da construção de um próprio municipal, julgado modelar por essa diretoria. Não; julga-o ela até sumário e como solução passageira"[116].

Saindo em defesa de seu projeto, Anhaia Melo argumentou na Câmara que o novo entreposto deveria substituir os mercados do Anhangabaú, de Peixe e o próprio Mercado 25 de Março, uma vez que este distava quinhentos metros da rua da Cantareira: "Essa dualidade de mercados obrigaria parte do público, que se serve dos mesmos, a esse trajeto entre os dois para a compra de diferentes mercadorias, localizadas num e noutro"[117]. O vereador convenceu os membros da Comissão de Obras de que, no lugar de um prédio simples para uso temporário, era necessário levantar um mercado modelo, inspirado no Les Halles Centrales, o mercado de Paris. Na São Paulo do início do século XX, uma série de edifícios de estilo europeu foram criados pelo arquiteto Ramos de Azevedo com o propósito de redesenhar a cidade, destacando-se o Theatro Municipal, o estádio do Pacaembu, o Liceu de Artes e Ofícios, atual Pinacoteca do Estado, o Palácio das Indústrias, o Palácio da Justiça e o Prédio dos Correios. A eles seria acrescentado o novo mercado municipal, cuja imponência deve-se à argumentação de Anhaia Melo:

---

115 Nos anos 1920 e 1930, o Banco Português do Brasil e a Companhia Várzea do Carmo, que tinham os mesmos acionistas, atuaram no ramo de incorporação imobiliária no Rio de Janeiro e em São Paulo. Na capital paulista, a Várzea do Carmo foi responsável pela incorporação de vastas regiões em torno do novo mercado municipal. Ambas as empresas operavam como cooperativas imobiliárias, recolhendo depósitos e sorteando crédito imobiliário. Para saber mais, consulte: Teresa Cristina de Novaes Marques e Hildete Pereira de Melo, "Negócios portugueses no Rio de Janeiro: um estudo sobre o Banco Português do Brasil (1918 a 1938)", *Revista de Economia Contemporânea*, Rio de Janeiro, v. 15, n. 3, pp. 461-482, set.-dez. 2011. Disponível em: <www.scielo.br/pdf/rec/v15n3/04.pdf>. Acesso em: 21 set. 2018.

116 *Anais da Câmara Municipal de São Paulo*, São Paulo: Typographia Piratininga, 1920, p. 266.

117 *Ibidem.*

Sob o ponto de vista arquitetônico, [...] deve ser um edifício digno da cidade. Não pedirei, senhores, o fausto da "Ágora" das cidades helênicas ou do "Fórum" romano, porque estes, além de centros de aprovisionamento das cidades, eram lugares de reunião em que eram discutidos negócios públicos e privados. O mais vasto e o mais belo de todos os edifícios desse gênero, o "Halles Centrales", de Paris, construído por Baltard e Callet, tornou-se desde então o tipo adotado e seguido em toda a parte[118].

Logo após os debates políticos na Câmara, Firmiano de Morais Pinto promulgou a Lei n. 2.346, que autorizava a construção do novo mercado na várzea do Carmo. Para viabilizar um mercado nos moldes propostos por Anhaia Melo, a prefeitura adquiriu da Companhia Várzea do Carmo um terreno contíguo ao lote originalmente destinado à edificação. Ainda em 1920, a Comissão de Obras recomenda ao prefeito a venda dos terrenos dos mercados 25 de Março, de Peixe e de Verduras para custear as obras do novo entreposto.

"Abre-se concorrência para o projeto. São apresentadas doze propostas. Nenhuma delas, entretanto, recebe a aprovação da prefeitura. Dessa forma, convoca-se o arquiteto Ramos de Azevedo para produzir um projeto alternativo"[119].

O novo mercado municipal deveria materializar as concepções estéticas e sanitárias dos prefeitos Washington Luís e Firmiano de Morais Pinto, do vereador e futuro prefeito Anhaia Melo e das demais autoridades da administração pública, que pretendiam empreender um tipo de "higienização social" dos espaços ocupados pela população pobre da cidade. Nesse sentido, a destruição dos mercados

---

118 *Anais da Câmara Municipal de São Paulo,* São Paulo: Typographia Piratininga, 1920, p. 267.

119 Juraci de Souza; Walter Falceta Júnior, *Mercado Municipal de São Paulo: 70 anos de cultura e sabor*, São Paulo: Abooks, 2004. O autor do projeto foi o engenheiro Felisberto Ranzini, funcionário do escritório técnico de Ramos de Azevedo. O mesmo escritório construiu o Palácio das Indústrias, no entorno, o que revela o particular interesse dessa empresa nos "melhoramentos" promovidos pelo poder público na várzea do Carmo.

existentes e a concentração do abastecimento alimentício na rua da Cantareira permitiriam intensificar a fiscalização e assegurar a cobrança de impostos.

Em abril de 1925, uma solenidade marca o início das obras. Até sua morte, em junho de 1928, Ramos de Azevedo coordenará os trabalhos. A partir desse momento, a obra passa a ser tocada por Ricardo Severo e Arnaldo Dumont, seus sócios no escritório. A construção é paralisada várias vezes, por conta de crises financeiras ou políticas. Por vezes, avança em ritmo lento em razão da indisponibilidade de materiais e equipamentos. Quase concluído, em 1932, o amplo galpão serve como depósito de armas e munição e até como quartel improvisado para as tropas paulistas[120].

Luís Inácio de Anhaia Melo foi professor da Escola Politécnica da Universidade de São Paulo e um dos fundadores da Faculdade de Arquitetura e Urbanismo dessa mesma instituição, tendo se especializado em estética e urbanismo. No início

Mercado Municipal, 1929.

Mercado Municipal, 1933.

---

120 Juraci de Souza; Walter Falceta Júnior, *op. cit.*, p. 63.

dos anos 1920, atuou politicamente na proposta de construção do mercado, com conhecimento técnico suficiente para determinar as características do projeto – e, seguramente, participou da escolha do arquiteto Ramos de Azevedo. Uma década depois, Anhaia Melo voltou ao poder público na condição de prefeito, de 1930 a 1931, quando entrou em acordo com o interventor federal João Alberto para tomar empréstimos que permitissem concluir as obras do mercado.

Nas imagens da construção do Mercado Municipal, vê-se o aterramento das margens do rio Tamanduateí para a criação do Parque da Várzea do Carmo, depois batizado de parque Dom Pedro II. Entre 1929 e 1933, as obras do mercado avançam simultaneamente ao ajardinamento das margens do rio. No local, já existia, desde 1924, o Palácio das Indústrias, outra obra do arquiteto Ramos de Azevedo que fazia parte do projeto de remodelação da Várzea.

O Mercado Municipal de São Paulo foi inaugurado em abril de 1933. Nessa data, parte dos comerciantes estabelecidos nos entrepostos da rua 25 de Março e do Anhangabaú foram transferidos para a rua da Cantareira, com exceção de vendedores ambulantes, vendedores das feiras livres e produtores chacareiros, que continuaram suas atividades nos antigos estabelecimentos. Na prática, os trabalhadores pobres que não se adequavam aos padrões higienistas do novo estabelecimento continuaram trabalhando no Mercado Grande e no Mercado dos Caipiras até a sua demolição, entre 1938 e 1939[121].

Anúncio feito pela Companhia Parque da Várzea do Carmo no jornal *Folha da Manhã*, 25 de janeiro de 1933.

121 "Será realizada, hoje, a cerimônia inaugural das instalações do novo mercado municipal", *Folha da Manhã*, São Paulo, 25 jan. 1933, p. 16. Disponível em: <https://bit.ly/2MPMZWi>. Acesso em: 20 set. 2018.

No dia da inauguração do mercado da rua da Cantareira, os jornais *Folha da Manhã* e *O Estado de S. Paulo* estamparam em suas capas propaganda da Companhia Parque da Várzea do Carmo para a venda de terrenos nesse local, em uma clara estratégia de valorização imobiliária disparada pela suntuosidade do Mercado Municipal. A associação entre o poder público e os interesses do capital privado não era novidade nos planos de remodelação urbana de São Paulo desde o início do século XX, com o surgimento da empresa The São Paulo Light and Power Co., a Light, monopolizando o setor de transportes via bondes e o fornecimento de energia elétrica, e mais tarde investindo em fornecimento de gás e serviços de telefonia.

A imprensa não poupou elogios ao Mercado Municipal, destacando sua arquitetura e sua localização, à época considerada privilegiada: "próxima às estações do Norte do Pari e da Cantareira, fácil de ligar-se à rede urbana de tração elétrica, centraliza as comunicações para o efeito da importação de mercadorias, bem como para a exposição, venda e distribuição dos gêneros, por toda a cidade". De fato, as ferrovias existentes foram fundamentais no transporte de mercadorias, viabilizando a concentração do comércio de hortifrutigranjeiros nesse local até o final dos anos 1960, quando foi substituído pelo Centro de Abastecimento de São Paulo (Ceasa).

Os comerciantes estabelecidos no "Mercadão" deveriam possuir os meios materiais e financeiros necessários ao desenvolvimento de seus negócios e ser capazes de custear as taxas de locação e os impostos sobre produtos, além de possuir capital de giro suficiente para compra e venda de produtos no atacado. Nas fotografias que apresentam o mobiliário planejado e construído para acondicionamento e venda de hortifrutigranjeiros do novo mercado, nota-se que os padrões de higiene impostos

Mercado Municipal, *c.* 1933.

Interior do Mercado Municipal, c. 1933.

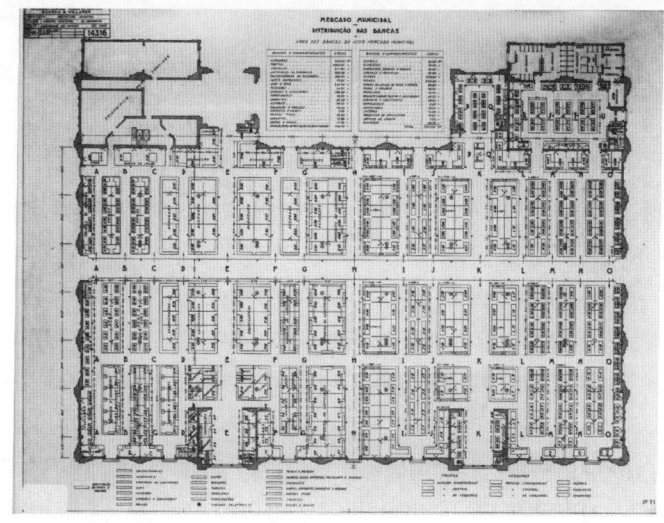

Distribuição das bancas do Mercado Municipal, s.d.

a diversos comerciantes alteravam sua forma tradicional de trabalho, caracterizada pelo improviso no transporte da mercadorias – muitas vezes realizado em carroças, cestos e no lombo de animais – e pautada pela sazonalidade das colheitas e informalidade nas transações. Com as exigências do entreposto da rua da Cantareira e a demolição dos mercados existentes até o final dos anos 1940, parte dos negociantes de gêneros tiveram que transferir suas atividades para outros espaços, como as feiras livres, ou adaptar-se às normas da prefeitura.

A distribuição das bancas do Mercado Municipal de São Paulo também foi planejada pela equipe do arquiteto Ramos de Azevedo. Atendendo às orientações da prefeitura, foi reservada a maior metragem para as venda de frutas (2.693 m²), seguida pelos setores de açougues (811 m²), verduras (644,5 m²), laticínios (505,5 m²), aves e ovos (234 m²), cereais e congêneres (432 m²), flores (200 m²) e peixes (200 m²). Chama a atenção na divisão dos espaços a concessão de 32 m² para farmácias e de apenas 2 m² para ervanários, considerando-se que esses trabalhadores eram bastante solicitados nos mercados municipais. A área de leitarias ficou com 10 m², acanhada para o volume expressivo desse produto nas ruas e mercados de São Paulo (e cujos vendedores eram alvos constantes da fiscalização). Essa organização dos espaços sugere o desinteresse pela instalação de leiteiros e ervanários no "novo" mercado, o que, associado aos altos custos das locações e normas do novo mercado, explica a "preferência" desses comerciantes em continuar suas atividades como ambulantes e em espaços onde poderiam desvencilhar-se da fiscalização municipal.

No aniversário de 75 anos do Mercado Municipal de São Paulo, logo após a grande reforma do edifício, em 2004, o sociólogo e jornalista João Alves Tiradentes realizou entrevistas com antigos comerciantes e seus descendentes, nas quais se vislumbra o perfil desses pioneiros. De acordo com as entrevistas, o criador do famoso sanduíche de mortadela vendido no Mercadão foi o português Manoel Cardoso Loureiro, ali estabelecido desde a inauguração; outros portugueses instalados desde o início foram Francisco Joaquim Veiga, dedicado ao ramo de utensílios domésticos, e Antônio Ceveira Quincas, do ramo de linguiças e toucinhos. O calabrês Carllo Chiapetta já possuía um empório no Mercado 25 de Março, transferindo-se para a nova praça em 1933, e a italiana Antonieta de Simoni Amaro, que vendia frutas no Mercado 25 de Março, passou o negócio para o filho Francisco Amaro, um dos primeiros permissionários do Mercadão[122].

É provável que também houvesse proprietários brasileiros na primeira fase do novo mercado, mas a sua memória não ficou registrada nas fachadas dos grandes empórios, nem na imagem do Mercadão. Tudo nele aspirava ser estrangeiro: a arquitetura, as normas e os produtos, excluindo toda a fração de "caipiras", negros e mestiços habituados ao comércio sazonal de excedentes produzidos nas áreas rurais do município.

Mercado Municipal, s.d.

---

[122] J. A. Tiradentes, *Mercado Municipal Paulistano: setenta e cinco anos de aromas, cores e sabores*, São Paulo: Supra, 2008, pp. 70-91.

AS FEIRAS LIVRES

No que diz respeito às normas e resistências no comércio de alimentos, o funcionamento dos mercados públicos dependia não somente das estruturas física e administrativa oferecidas pelo poder público; necessitava, fundamentalmente, de números suficientes de locatários para cobrir as despesas de cada unidade, como porteiros, varredores e guardas-fiscais. Além disso, eram de responsabilidade dos comerciantes a qualidade dos produtos, a variedade de gêneros oferecidos e a concorrência para o barateamento dos alimentos. No caso do comércio realizado pelos produtores das áreas rurais, a atração que exercem sobre o público consumidor devia-se à sua capacidade de oferecer produtos mais baratos.

Os mercados acabavam atraindo para o seu entorno outros comerciantes, que iam instalando seus negócios nas imediações. Na região do Mercado 25 de Março, especificamente na travessa do mercado, existiam depósitos de frangos, galinhas e ovos nos quais se abasteciam não somente os ambulantes que lá compravam para revender, como também alguns vendedores instalados no próprio Mercado Municipal. A existência de depósitos de aves e ovos colados ao Mercado 25 de Março, oferecendo produtos no atacado, contribuía para que esse espaço fosse frequentado por trabalhadores pobres interessados em adquirir e revender gêneros alimentícios.

Muitos espanhóis também estiveram ligados ao comércio de cereais nas ruas próximas ao Mercado Municipal, como a Santa Rosa e a Paula Souza, e nas feiras livres de São Paulo. Os espanhóis dominaram ainda o comércio de sacaria, na região que ficaria conhecida como "zona cerealista do Brás"[123] (para mais detalhes, observe o mapa encartado nesta publicação).

---

[123] José Leonardo do Nascimento. *Trabalho e prestígio social: os imigrantes espanhóis na cidade de São Paulo*. Texto apresentado no I Congresso Brasileiro de História Econômica, organizado pelo IEB/USP e Unicamp, 1993, mimeo; e Jacob Penteado *apud* Maria Antonieta Antonacci; Laura Antunes Maciel, "Espanhóis em São Paulo: modos de vida e experiências de associação", *Projeto História*, n. 12, São Paulo: Educ, 1995, p. 182.

Outros espaços importantes, como o Matadouro de Vila Mariana, também eram demarcados pelas atividades de trabalho e etnias, como os "tripeiros da Vila Mariana e Vila Clementino", classe composta de italianos ligados ao comércio de carnes. Circulando pela cidade, esses trabalhadores eram identificados por usarem carrocinhas de mão e uma buzina feita de chifre de boi: "quase todos de Bari, usavam fartos bigodes e chapéus de abas largas. Falava-se que eram membros de uma espécie de 'camorra'. Se alguém atacasse um deles, tinha de acertar contas com o resto da 'irmandade'"[124].

Além disso, como pode ser visto nas fotografias, no entorno dos mercados concentravam-se carregadores, adultos e crianças munidos de cestas e outros utensílios que lhes permitissem disputar o carregamento ou a descarga de produtos, bem como carroceiros em busca de fretes entre os mercados e as estações de trens.

A organização e o funcionamento de todos os mercados públicos da capital eram determinados por um regulamento municipal, instituído pelo ato n. 2, de 23 de setembro de 1896[125]. O período de funcionamento variava conforme os horários de abertura: às 5h, de outubro a março, e às 6h de abril a setembro, fechando ao anoitecer – exceto aos domingos, quando ficavam abertos apenas até meio-dia[126]. Essa disposição ia de encontro a alguns hábitos e práticas dos comerciantes das áreas rurais: a maioria desses trabalhadores transportava suas mercadorias por estradas, algumas vezes viajando por cerca de dois dias com muares e carroças, e, portanto, para eles a fixação de horários não fazia sentido, sendo muito comum o comércio realizado nas pontes de acesso, ruas e praças da cidade, bem como nas imediações do Mercado dos Caipiras, na várzea do Carmo.

---

124 Jacob Penteado, *op. cit.*, 1962, p. 106. Entre 1918 e 1919, uma série de crimes por emboscada envolvendo esse grupo permaneceu sem solução. Os crimes foram batizados pela imprensa como a "*vendetta* dos tripeiros". Cf. Boris Fausto, *Crime e cotidiano: a criminalidade em São Paulo – 1880/1924*, São Paulo: Edusp, 2001, pp. 79-81.

125 Ato n. 2, de 23 de setembro de 1896 – Expede Regulamento para as Praças de Mercado. *In: Leis e Resoluções da Câmara Municipal da Capital do Estado de São Paulo de 1896*, São Paulo: Casa Vanorden, 1916, pp. 221-6.

126 *Ibidem*, p. 221.

É possível perceber nesse regulamento alguma indefinição a respeito do comércio ambulante. Apesar de ratificar normas legais em vigor desde 1872, o artigo 15 desse documento, copiado da Lei Provincial de 1872, determinava que a venda de quaisquer alimentos deveria ser feita obrigatoriamente nos mercados públicos. Entretanto, criava exceção para os vendedores ambulantes que pagassem licença. Mais confuso ainda é o artigo 17, que não aplicava a norma aos vendedores que utilizavam tabuleiros e cestas pelas ruas:

> Art. 15 – Os quitandeiros e mais pessoas que venderem frutas, hortaliças e legumes não poderão fazer sentados ou parados nas ruas e praças da cidade, devendo para isso dirigir-se às praças de mercado, sob pena de 5$000 de multa e dois dias de prisão [...]. [Cópia da Lei Provincial de 1872]
> Art. 16 – Da disposição do artigo antecedente excetuam-se as pessoas que tiverem da intendência licença especial para estacionar em pontos determinados.
> Art. 17 – A proibição constante do art. 15 não abrange as casas de quitanda, ou em taboleiros e cestos pelos ambulantes[127].

A legislação acima está cheia de lacunas e a falta de clareza parece revelar a intenção frustrada de concentrar os ambulantes nos mercados públicos. Pelo lado da administração, tornava-se mais interessante reunir todos os comerciantes nos mercados municipais, submetendo-os aos impostos e taxas de locação e mantendo-os afastados das áreas residenciais nobres e do fino comércio das áreas centrais.

A proibição do comércio de rua sem o pagamento de imposto estava em vigência desde o período imperial[128] (Lei Provincial n. 4, de 7 de março de 1872, artigo 28), sendo praticamente letra morta na cidade de São Paulo, onde o suprimento

---

127 Ato n. 2, de 23 de setembro de 1896, *op. cit.*, pp. 222-3.

128 O art. 28 da Lei Provincial n. 4, de 7 de março de 1872, é novamente inserido no Regulamento dos Mercados (Ato n. 2, de 23 de setembro de 1896), aparecendo como o art. 15, do capítulo 2 desse ato.

alimentício de todo o município dependia da venda ambulante (daí vinha a necessidade de criar exceções para todos do comércio ambulante, incluindo negros e roceiros). Com a República, 24 anos depois, a antiga Lei Provincial é recolocada no *Regulamento para as Praças de Mercado*, no artigo 15, desta vez procurando garantir meios para a intervenção das autoridades nas ruas e praças e estabelecer exceções para vendedores licenciados. Dois problemas envolvem essa medida: em primeiro lugar, está explícito o desejo de controlar a livre circulação de trabalhadores pobres nas áreas nobres da capital, despontando antigos preconceitos da elite paulistana contra negros, mestiços, brancos pobres e roceiros, cujos modos de vida eram rejeitados por não se ajustarem às idealizações do comportamento europeu cultivadas por algumas classes abastadas; e, em segundo lugar, a medida esbarra na necessidade que o poder público tinha dos pequenos produtores e comerciantes para o abastecimento alimentício da cidade – surge daí inclusive uma cláusula de exceção para comerciantes licenciados, já que o município paulistano tinha uma necessidade quase absoluta dos gêneros trazidos pelos pequenos produtores e os comerciantes pobres.

Uma das tentativas da prefeitura para efetivar o controle sobre o comércio realizado nas ruas foi a elaboração da Lei n. 292, de 27 de novembro de 1896, que especificava o modo como deveriam ser fiscalizados os mercadores ambulantes. A promulgação dessa medida deixa patente o esforço do poder público no sentido de efetivar uma medida também já existente no Código de Posturas de 1886, que exigia a apresentação de licença e o pagamento de impostos sobre produtos para a venda ambulante. Dez anos depois da elaboração do Código de Posturas de 1886, já em 1896, promulgavam-se em forma de lei a exigência de licença e o pagamento de impostos, cobrando-se a intensificação da fiscalização sobre todo o comércio realizado no município paulistano:

Os mercadores que forem encontrados sem licença para início de seu ramo de comércio, ou que não tenham pago os impostos devidos nas épocas legais, além das multas em que tiverem incorrido, ficam sujeitos à apreensão dos artigos que constituírem o seu negócio, os quais serão levados ao depósito, até que sejam pagos os impostos de multa[129].

A tentativa de efetivação dessa medida carrega um duplo objetivo: considerando que na última década do século XIX existiam cinco mercados públicos municipais – o Mercado de Santo Amaro não entra nesse cálculo, pois a região só foi integrada ao município de São Paulo nos anos 1930 – e que três deles enfrentavam problemas de falta de locatários, é possível imaginar que as ações pela taxação efetiva dos comerciantes de rua tencionasse deslocá-los para as locações que estavam vazias. Importava às autoridades municipais não somente o funcionamento regular dos mercados, mas também organizar e disciplinar a pobreza nos espaços urbanizados da cidade.

Analisando os documentos da administração, os relatórios de prefeitos e a legislação municipal, percebem-se algumas tendências administrativas com relação ao abastecimento alimentício entre a última década do século XIX e o início do século XX. Sabe-se que até a primeira metade do século XIX o suprimento de gêneros era feito em grande medida pelo comércio ambulante. Pelas ruas vendiam-se doces, frutas, carnes, cereais, vegetais e a maioria dos gêneros consumidos em São Paulo. Até os anos 1880, a cidade contava apenas com o Mercado 25 de Março e o Mercado dos Caipiras para seu abastecimento.

A existência de um público consumidor cada vez mais numeroso e a necessidade de garantir um abastecimento alimentício regular na capital são fatores que viabilizam a existência dos mercados públicos. Contudo, às autoridades municipais interessava também eliminar a presença de ambulantes e trabalhadores pobres que transitavam pelas ruas com carroças, cestos, jacás, carroças de mão, sacolas, tabuleiros e bandejas.

Nas décadas finais do século XIX, as atividades comerciais praticadas por trabalhadores pobres nas ruas do triângulo central – XV de Novembro, Direita, São Bento

---

129 Lei n. 292, de 27 de novembro de 1896. *In: Leis e Resoluções da Câmara Municipal da Capital do Estado de São Paulo de 1896*, São Paulo: Casa Vanorden, 1916, pp. 176-7.

e adjacências – passaram a ser encaradas como problema pela prefeitura. O projeto de construção de um mercado de verduras, mencionado no *Código de Posturas* de 1886, que viria a ser o Mercado de São João, já se apresentava como solução para o deslocamento do comércio realizado nas ruas do centro.

Percorrendo a legislação paulistana de 1890 a 1930, percebe-se um processo de normatização cada vez mais rígido sobre os mercadores ambulantes. Apesar de presente no *Código de Posturas* de 1886, a exigência do pagamento de impostos era frequentemente ignorada pelos comerciantes pobres, e o serviço de fiscalização não dava conta do grande número de vendedores que transitavam pelas ruas. Nas décadas seguintes, um novo regulamento e normas mais restritivas tentariam disciplinar o comércio de alimentos na cidade.

Uma rede formada por antigas áreas de cultivo, sustentada por comunidades de trabalhadores pobres ligados à terra e interligada por antigos caminhos de tropeiros às ruas e mercados da cidade de São Paulo, constituía uma estrutura de relações sociais voltada para o abastecimento alimentício. A importância e o peso desse setor ficariam mais evidentes para os membros do poder público nas primeiras décadas do século XX, quando emergiram as crises de carestia.

Na cidade de São Paulo, no interior do estado e no porto de Santos, o início do século XX caracterizou-se como um período intensivo de greves e manifestações coletivas por melhores condições de vida e trabalho. Especialmente entre 1912 e 1914, sucessivos comícios contra a carestia foram organizados pelos grupos anarquistas e reformistas com o intuito de tornar visíveis as dificuldades da população trabalhadora.

Na capital, os trabalhadores de Brás, Bom Retiro, Barra Funda, Lapa, Vila Mariana, Ponte Grande, Ipiranga, Belenzinho, Mooca, Bixiga e Cambuci se organizaram em associações de bairro, promovendo palestras e manifestações públicas de caráter contestatório à indiferença do Estado. Fundando a *Liga de Agitação Contra a Carestia de Vida*, o movimento ganhava cada vez mais força e adesão no limite dos bairros. Em 1913, formou-se uma passeata em direção ao centro da capital, representando o momento máximo da revolta contra a carestia – quando os comícios se tornaram mais violentos, com grande número de saques e ataques a bens públicos (postes, bondes, trens, calçadas) –, e aglutinando uma multidão superior a 10 mil pessoas[130].

Essas ações expressam o descontentamento da classe trabalhadora com o descaso do poder público e com a situação penosa que enfrentava: trabalho extenuante, baixos salários, encarecimento dos preços de alimentos e aluguéis e especulação imobiliária em torno da remodelação urbana. Reprimido violentamente em 1913, o movimento reascendeu no ano seguinte, quando se estruturou o *Comitê de Defesa Popular*, com participação ativa de trabalhadores vinculados a sindicatos, associações anarquistas e trabalhadores em geral.

Atendendo a um dos pontos das reivindicações populares, o prefeito Washington Luís, em agosto de 1914, criou ou oficializou o funcionamento de *feiras livres* ou *mercados francos* na cidade de São Paulo. Instaladas inicialmente em quatro praças paulistanas, cada feira acontecia em um ou dois dias da semana: às terças, na praça Senador Moraes de Barros, localizada entre os bairros do Brás e do Belenzinho; às sextas, no largo São Domingos, na Bela Vista, e, aos sábados, no largo do Arouche. Às segundas e quintas, havia feiras na praça General Osório, na região da igreja Santa Ifigênia.

No relatório do prefeito Washington Luís, de 1914, nota-se o objetivo de atrair os comerciantes, vendedores casuais e ambulantes, no intuito de retirá-los das ruas e espaços públicos e concentrá-los em lugares delimitados para o comércio. Com a "criação das feiras livres", as autoridades municipais não propuseram nenhuma novidade, já que no pátio do Mercado 25 de Março, nas áreas externas dos mercados de São João e do Largo da Concórdia e em algumas ruas e praças da cidade funcionavam feiras de alimentos desde meados do século XIX.

---

130 Raquel Rolnik, *Cada um no seu lugar! São Paulo, início da industrialização: geografia do poder*, dissertação (Mestrado em arquitetura e urbanismo), São Paulo: FAU-USP, 1981, pp. 140-65.

Pelos Atos ns. 710, 717 e 730 foram criados, dentro da autorização geral da Resolução n. 50 de 22 de agosto de 1914, mercados francos e designados lugares e horas para o respectivo funcionamento.
[...] Teve em vista a Prefeitura, com a instituição desses mercados-livres, baratear o preço dos gêneros alimentícios e viu o seu objetivo coroado de completo êxito, pois que a concorrência de vendedores, e principalmente, de compradores foi tão considerável que mostrou que essas feiras vieram responder a uma necessidade da população de S. Paulo.
Com a criação e manutenção desses mercados nada despende o município; a Prefeitura designa, apenas, em dias e horas determinadas, os lugares em que se devem realizar os mercados, sem aí fazer instalação de espécie alguma, e vê que, nesses lugares, às horas marcadas, se reúne uma multidão enorme para vender e comprar.
[...] Nesses mercados há, além disso, a facilidade de acesso para os compradores, que os encontram nas vizinhanças de suas moradias; e principalmente há facilidade de acesso para os vendedores-produtores que neles se localizam à proporção que vão chegando, sem antecipados pagamentos de impostos, sem prévias formalidades de aluguéis de compartimentos ou quartos.
[...] Basta notar que se *para vender poucas dúzias de ovos, algumas hortaliças, uma caneca de folha ou uma panela de barro*, tivesse um indivíduo que conseguir previamente local e mostrar-se quite com o imposto, o qual, por menor que fosse, absorveria algumas vezes o pequeno capital a apurar, esse indivíduo desistiria de ir ao mercado.
Os mercados livres oferecem, entretanto, oportunidade de negócios a vendedores, a princípio acidentais, fazendo-lhes lugar para as vendas mesmo diminutas das sobras das insignificantes produções; atraem-nos, mostrando-lhes a aplicação

remunerada e atividade útil, especializa-os transformando-os, pelas vantagens obtidas, em mercadores habituais[131].

Ao estimular o comércio realizado por produtores e comerciantes pobres, até então dispersos pelas ruas e ocasionalmente instalados em espaços delimitados nos mercados municipais, o poder público desonerava-se de qualquer investimento no setor de abastecimento, transferindo para os trabalhadores pobres a solução de sua própria carência. Nos mercados, as exigências para o ingresso de comerciantes não foram alteradas e a prefeitura continuava recolhendo impostos e taxas de locação.

De acordo com as normas da prefeitura, os negociantes das feiras livres deveriam obedecer à fixação dos lugares escolhidos pela Câmara e adequar-se aos horários estabelecidos por ela, pagando uma taxa de localização de 200 réis por dia e por metro quadrado. Trabalhando seis dias por semana, de segunda a sábado, um feirante pagaria, aproximadamente, 4$800 réis mensais, o que correspondia, no período, ao preço de 5 quilos de macarrão ou a cerca de 7% do salário mensal de um operário, que oscilava entre 80$000 e 120$000 réis[132]. Esses valores permitem inferir que as taxas de instalação nas feiras livres eram acessíveis aos trabalhadores pobres, especialmente quando as relacionamos aos aluguéis mensais cobrados pelos compartimentos no Mercado 25 de Março – ali, as locações mais baratas custavam de 80$000 a 100$000 réis, nos compartimentos, e 20$000 réis para instalação nas pilastras.

Também é preciso considerar que nos mercados 25 de Março, dos Caipiras, de São João e do Largo da Concórdia existiam espaços para a instalação de comerciantes diaristas, com taxas de localização muito inferiores aos valores cobrados nos

---

131 Washington Luís Pereira de Souza, Relatório de 1914, apresentado à Câmara Municipal de São Paulo, São Paulo: Casa Vanorden, 1916, pp. 10-2 (grifos nossos).

132 As informações sobre os salários de trabalhadores diversos no início do século XX estão em *Nosso Século – 1910 a 1930*, op. cit., p. 108.

quartos e compartimentos. Essa estrutura muito se assemelhava às condições oferecidas nas feiras livres, onde era cobrado um valor mínimo de instalação (200 réis), que os interessados podiam pagar quando viessem para o comércio.

Além da taxa de instalação, os comerciantes das feiras livres e os diaristas instalados nos mercados públicos pagavam o Imposto sobre Produtos, que incidia nos tipos de mercadorias e era aplicado aos gêneros, como, por exemplo, verduras, frutas, carnes, aves e ovos, cereais. As barracas, balanças para peso dos produtos, o estacionamento para carroças e animais de transporte e demais necessidades também eram de responsabilidade de cada negociante.

As institucionalização das feiras significou uma primeira tentativa de ordenar e distribuir de modo mais planejado o comércio popular de rua existente na cidade. Se os projetos de reforma e modernização da cidade, formulados por volta de 1910, desejavam o afastamento de negros, roceiros e comerciantes pobres do centro, as feiras tentavam atrair e concentrar a maioria dos vendedores distribuídos pelas ruas da capital.

Com as feiras, intensificou-se a fiscalização sobre os ambulantes, num processo de valorização dos terrenos altos de São Paulo, valorização à qual se associava uma política de segregação e disciplinarização da população pobre. Negros, mestiços, roceiros e brancos pobres enfrentaram políticas de reordenação do espaço urbano que alteravam seus modos de vida.

Proposta e explanada pelo prefeito Washington Luís, a ideia dos mercados livres buscou tornar-se atrativa para uma parcela dos comerciantes cobrando taxas de localização mais baratas. Desocupando os territórios populares em que se instalavam livremente de acordo com regras e horários próprios, os comerciantes ambulantes ganhariam em troca a definição de um espaço legalizado, onde não seriam constantemente perseguidos pelo serviço fiscal. Contudo, outras normas eram impostas para controlar as práticas de venda e os próprios modos de vida dos comerciantes. Os locais, dias e horários das feiras eram especificados, limitando suas possibilidades de venda entre 6h e 11h da manhã. Além disso, como já visto, era cobrada uma taxa de localização fixada em 200 réis por dia e por metro quadrado ocupado nas ruas e praças.

Atraindo comerciantes com taxas mais baratas de instalação, o poder público visava determinar quais seriam os lugares permitidos e proibidos para a realização do comércio de rua, controlando o início e o fim das atividades, além de poder identificar cada um dos indivíduos envolvidos com o abastecimento alimentício. Se antes a prefeitura tinha mais dificuldade para conhecer os inúmeros negociantes que podiam circular clandestinamente pelas ruas e praças da capital, apesar da fiscalização e exigências legais para matrícula como ambulante, a criação de espaços de comércio legalizados e o recolhimento de taxa funcionavam como instrumento de identificação e controle dessa população.

Por trás de um discurso que oferecia oportunidades de negócio a pequenos produtores e comerciantes, forjavam-se caminhos para a concentração dos ambulantes em áreas circunscritas e, pouco a pouco, mais afastadas do centro da cidade. Inicialmente instaladas na região de Santa Ifigênia (praça General Osório), no largo do Arouche e na praça S. Paulo, (Vila Glória), as feiras foram se alastrando pelos bairros operários: no Ipiranga, na rua Dr. César; em Santana, no pátio da igreja de Perdizes; na Lapa, na rua Clemente Tavares; e no largo do Cambuci, no Bom Retiro e no bairro da Saúde. Com a instalação das feiras livres nos bairros de trabalhadores pobres, esperava-se remediar a situação de penúria que essas populações enfrentavam na obtenção de gêneros de primeira necessidade, diminuindo assim o ímpeto das revoltas populares mobilizadas pelos movimentos contra a carestia.

Por serem espaços legalizados, as feiras livres logo se tornaram procuradas por negociantes de artigos diversos. Mesmo os gêneros postos à venda por pequenos produtores começaram a ser fiscalizados para impedir o comércio de artigos não relacionados ao abastecimento alimentício. Em 1929, na administração do prefeito Pires do Rio, a Lei n. 3.380 especificava o que poderia ser vendido: "art. 1º – Fica proibida, nas feiras, a venda de artigos de fabricação estrangeira; art. 2º – Nas ditas feiras, só será permitida a venda de produtos nacionais, agrícolas, de criação, horticultura, pomicultura e floricultura, ficando mantidas as proibições anteriores"[133].

Após 1914, a insatisfação popular permanecia e dava-se continuidade às lutas pela melhoria das condições de vida. Não houve aumento de salários, as jornadas continuavam esgotando os trabalhadores, e o custo de vida se mantinha altíssimo devido à especulação imobiliária, à escassez e ao encarecimento de muitos gêneros alimentícios em função da Primeira Guerra Mundial. Mesmo com o incremento das feiras livres, o aumento demográfico era muito superior à capacidade de abastecimento dos comerciantes da cidade de São Paulo e adjacências.

Como resultado de um processo intensivo de lutas sociais, movimentos contra a carestia, organizações sindicais e mobilizações anarquistas, eclodiria a greve geral de 1917, com demandas que iriam para além das reivindicações operárias, exigindo também a baixa dos preços de gêneros alimentícios e uma redução de 50% nos preços de aluguéis de moradia, sendo organizado um Comitê de Defesa Proletária para pleitear essas medidas.

Nessa conjuntura, a prefeitura determinou que, a partir de 1915, fossem registrados e contabilizados todos os volumes de gêneros alimentícios postos à venda no Mercado 25 de Março, no de Pinheiros e nas feiras livres. Nos relatórios do prefeito Washington Luís referentes aos período de 1915 a 1918, estão incluídas diversas tabelas sobre o movimento de gêneros em todos os estabelecimentos.

O poder público pretendia avaliar o potencial do setor de abastecimento urbano, ao qual voltava atenção especial, realizando, inclusive, estudos científicos que analisavam a quantidade de gêneros disponíveis periodicamente no município, relacionando-os com dados demográficos que apontavam uma população de 500 mil habitantes.

---

[133] Lei n. 3.380, de 10 de setembro de 1929. *In: Leis e Atos do Município de São Paulo* do ano de 1929, São Paulo: Casa Vanorden, 1930, p. 125.

Encomendado pelo prefeito Washington Luís, um "estudo fisiológico" foi elaborado pelo Diretor de Obras Municipais, Victor da Silva Freire, com o objetivo de estabelecer a quantidade mínima de cada produto necessária à alimentação de uma família de cinco pessoas, o que chamavam de *família unidade* (casal e três filhos: 9 anos, 6 anos, 1 mês). Os alimentos são listados como a ração mínima necessária ao sustento diário dos trabalhadores, desconsiderando hábitos alimentares particulares, poder aquisitivo das famílias, além de excluir núcleos que ultrapassassem cinco membros.

TABELA DE ALIMENTOS E CALORIAS: "ESTUDO FISIOLÓGICO" (1918)[134]

			Calorias
1) – grs	carne	(6 × 140)	840
2) – grs	pão	(6 × 270)	1.620
3) – grs	feijão	(3 × 315)	945
4) – grs	arroz	(4,5 × 355)	1.597
5) – grs	farinha de mandioca	(1,5 × 350)	525
6) – grs	banha		1.772
7) – grs	açúcar		1.230
		Total em calorias:	**8.529**
Quanto os fisiologistas julgam ser suficiente: 7.750			

A elaboração desse quadro expressa o modo como as elites paulistanas idealizavam o trabalhador operário, propondo uma alimentação mínima para garantir a força de trabalho, pois, desnutrida, a mão de obra poderia se tornar menos produtiva, prejudicando o rendimento nas indústrias e oficinas.

---

134 Relatório de 1918, apresentado à Câmara Municipal de São Paulo pelo prefeito Washington Luís Pereira de Souza, São Paulo: Casa Vanorden, 1919, p. 83.

O início do século XX foi caracterizado sobretudo como um período intensivo de greves e manifestações da classe trabalhadora por melhores condições de vida e trabalho. Nos anos de 1912 a 1914, sucessivos comícios contra a carestia foram organizados por anarquistas e outros grupos reformistas com o intuito de tornar visíveis as dificuldades de sobrevivência da população pobre. Constantemente pressionado pelas lutas sociais – movimentos contra a carestia, greves, comícios, depredações e passeatas –, o poder público viu-se obrigado a responder de alguma maneira às necessidades da população.

A "criação" das feiras livres, em 1914, e as políticas de registro dos gêneros existentes no município, associadas aos estudos "científicos" sobre as necessidades alimentares dos trabalhadores, revelam uma preocupação de ordem econômica, mas, acima de tudo, indicam uma tentativa de ação como resposta às demandas colocadas pelas lutas sociais do período.

De acordo com o prefeito Washington Luís, o rendimento da produtividade industrial estava associado às condições básicas de sobrevivência dos trabalhadores. Para isso, os operários deveriam estar razoavelmente alimentados. Contudo, a possibilidade de aquisição dos alimentos não viria pelo aumento dos salários, mas sim por meio do barateamento dos gêneros alimentícios mediante o aumento da oferta nas feiras populares.

> A cidade de São Paulo está se aparelhando para ser um grande centro industrial, alguma coisa como Chicago ou Manchester juntas; isso, entretanto, só se realizará quando ela conseguir vender seus bons produtos por preços inferiores aos das outras praças. Para vender a preços baratos, é preciso ter mão de obra barata, e só há mão de obra barata na terra em que a alimentação, a habitação e o vestuário são baratos, visto que o preço do salário está em relação ao custo de vida.
>
> [...] Pequenas coisas dão grandes resultados. Uma delas é a necessidade de alargar e desenvolver ainda mais os *mercados livres*, como um dos *elementos do barateamento da vida paulistana*, o que se conseguirá com medidas complementares de grande alcance.

É necessário por meio de leis adequadas facilitar as construções na parte rural do município, para o seu integral aproveitamento agrícola nas pequenas culturas. É necessário fazer e conservar muitas e boas estradas, que, com trânsito franco, fácil e permanente, tragam os produtos das *partes rurais do município* para serem vendidos em mercados livres[135].

Além das feiras, as pesquisas elaboradas na gestão Washington Luís sobre o racionamento calculado para a alimentação popular significavam mais uma investida do poder público no sentido de evitar o aumento salarial e conter a revolta popular. Por meio de estudos e tabelas nutricionais, a prefeitura idealizava a existência de famílias de apenas cinco membros, para as quais recomendava uma dieta básica, suficiente apenas para a manutenção da vida. Outras necessidades, como vestuário, lazer, educação e tratamentos médicos, não são mencionadas.

Quando se analisam as políticas públicas em relação ao abastecimento alimentício, relacionando-as com os principais movimentos sociais do início do século XX, compreende-se que esse setor era uma das dimensões mais priorizadas pela classe trabalhadora na luta por melhores condições de vida. Enquanto os movimentos trabalhistas diziam respeito a uma parcela da sociedade paulistana, a carestia assolava e, ao mesmo tempo, mobilizava as mais diversas categorias de trabalhadores, representando uma pauta comum de reivindicação que fortalecia a organização popular, o que impulsionava as autoridades políticas a buscar saídas para o problema.

Outros registros compõem um retrato mais próximo da realidade enfrentada pelos trabalhadores em feiras na cidade. Sílvio Floreal (ligado ao movimento sindical dos pedreiros de Santos, posteriormente funcionário dos Correios e jornalista em São Paulo), em seu livro de memórias *Ronda da meia-noite*, do início do século XX, faz uma descrição reveladora sobre o funcionamento das feiras:

---

[135] Washington Luís Pereira de Souza, Relatório de 1914, apresentado à Câmara Municipal de São Paulo, São Paulo: Casa Vanorden, 1915, pp. 11-2 (grifos nossos).

A feira livre é a quermesse democrática do estômago. Vender é a tentação máxima. E sendo ela absolutamente livre, os mercadores batem o recorde no terreno do exagero. Tudo ali é vendável, inclusive comestíveis avariados e quinquilharias imprestáveis. Vender foi sempre, em todas as épocas, o princípio da corrupção. O povo, nas suas ânsias insopitáveis e apetites vorazes, tem, pelo ato meretrício de vender e trocar, um culto extremado. As *criaturas mais pobres deste mundo aparecem mercadejando isto ou aquilo nas feiras*. Todos arranjam alguma coisa para passar a cobre. Com exceção de uns poucos negociantes mais ou menos pobres, *o grosso é formado pela arraia-miúda, pela ralé*. As feiras livres, criadas para combater a carestia da vida, outra coisa não são que o mostruário onde um aluvião de vendedores e compradores exibe diariamente a sua penúria.
Nas feiras livres, muita gente disfarça sua miséria [...][136].

De acordo com Floreal, as feiras eram lugares onde os populares socorriam-se da miséria, vendendo, além dos alimentos, tudo o que fosse possível. O comércio ali realizado é descrito pelo memorialista como fruto do desespero a que chegavam os trabalhadores pobres. A visão de Floreal apresenta a feira mais como espaço de sobrevivência, composta, sobretudo, por indivíduos pobres que se desfaziam do que tinham para suprir suas necessidades, e menos como lugar de comerciantes vendendo sua produção. O caráter grotesco e eminentemente popular da miséria são proeminentes nas memórias desse autor:

Hortaliceiras, acantonadas nos ângulos da praça, com seus tabuleiros de *verdura*, oferecem, com uma grande doçura nas palavras, nabos e couves a todos os transeuntes. Velhos engelhados, desmoronados pela picareta do tempo, de cócoras, vendem, com a maior boa-fé deste mundo, *enfezadas laranjas, magríssimas abobrinhas, molhitos doentios de alface e montículos pardacentos de*

---

[136] Silvio Floreal, *Ronda da meia-noite*, São Paulo: Boitempo, 2002, p. 119 (grifos nossos). A primeira edição é de 1925.

Trabalhadores em feira na praça General Osório, 1913.

batatas greladas. As pilhas roxas de *palmitos* formam pequenas sebes ladeando as sarjetas: destacam-se do meio do monte de verdura, pela bizarria do feitio e o chocante do colorido.

Criadas, mulatas e pretas peitarrudas, bamboleando lubricamente suas nádegas, passam com cestas enfiadas nos braços, juntamente com suas patroas e seus patrões. Uma figura alta, de respeitável madama, destaca-se dentre toda a população no vasto burburinho. Segue-se a criada. [...] Para em frente um *vendedor de mandioca e batatas. O homenzinho que saiu às três horas da madrugada lá dos confins de Santo Amaro* oferece-lhe humildemente suas mercadorias. [...] Cansado de ziguezaguear por entre rumas de verduras, variegadas quitandas e montes de frutas, paro em frente a um *herbanário*. Há uma desordenada mistura de *folhas secas, raízes, cascas de pau, frutas esquisitas e exóticas, figas* de todos os tamanhos e cores, chifres de veado e bode, unhas de cabra, couros de animais, pelos e uma infinidade de bugigangas milagrosas que servem para

bruxaria e malefícios. O indivíduo que vende é um preto de carapinha dura, que mais parece uma pasta de lacre negro derramado na cabeça. Há qualquer coisa de feiticeiro no olhar do preto. Enquanto examino, aproxima-se dele uma mulher magra, de meia estatura, olhos mortiços, perdidos no fundo das órbitas, denunciando qualquer sofrimento secreto. *Antes de comprar, indaga em surdina, vezes a seguir, o modo como deve tratar uma certa moléstia que a atormenta; e diz o nome da doença ao preto*, que responde misteriosamente:
A senhora deve tomar um chazinho de arruda macho.
A compra é feita em silêncio. Ela guarda o macinho verde de remédio dentro da bolsa; paga-o e retira-se[137].

Contendo riquíssimas descrições, os escritos desse memorialista, que testemunhou a instalação e o funcionamento das primeiras feiras paulistanas, revelam que alguns comerciantes vendiam sentados nas calçadas e sarjetas, enquanto outros o faziam agachados sobre cestos e caixas onde expunham os produtos. Acompanhando as transações, ele permite identificar os produtos negociados, a falta de qualidade

Ponto de carroceiros em feira na esquina das ruas Clemente Álvares e 12 de Outubro, na Lapa, s.d.

Vendedores de frutas e verduras em feira na avenida Tiradentes, nos anos 1920.

---
137 Silvio Floreal, *op. cit.*, pp. 120-3 (grifos nossos).

dos mesmos, a procedência de alguns comerciantes e as relações que se estabeleciam entre vendedores e compradores.

As impressões de Floreal vêm num sobrevoo: vendo um possível roceiro, lembra-se de Santo Amaro; olhando para uma mulher negra carregando cestas ao lado de uma branca, descreve-as como patroa e criada, sem conhecer que tipos de relações se estabeleciam entre ambas. Apesar do tom de desprezo que perpassa sua descrição acerca da atividade do ervanário, ainda assim permite avaliar a dignidade que se imputava a esses trabalhadores e o valor que seus conhecimentos medicinais conquistava entre os consumidores.

Contrapondo-se aos interesses de organização dos espaços desejados pela prefeitura, a feira de que Floreal se recorda é composta de vendedores com caixotes e cestas improvisados, sentados nas calçadas ou de cócoras, vendendo, além dos alimentos, quinquilharias, ervas medicinais e objetos de uso místico.

Nas raras fotografias dos trabalhadores em feiras, produzidas por sujeitos muitas vezes comprometidos com a "invisibilidade" desses indivíduos, encontramos comerciantes vendendo seus produtos em caixotes, bancos e cestos, elementos que deixam claro o caráter improvisado desse comércio e a pobreza evidente de compradores e vendedores. Entre os desejos de ordem e racionalidade expressos pela administração pública e as descrições contundentes e, por vezes, preconceituosas de Floreal, essas imagens evidenciam as inúmeras estratégias e táticas de sobrevivência de trabalhadores pobres que subsistiam por conta própria em um pequeno comércio de gêneros de primeira necessidade marcado pela desorganização e pela precariedade.

> Nos arredores do Mercado da rua 25 de Março e servidos pelas ruas de lama e paralelepípedo, trabalhadores marcavam fortemente a paisagem cultural das praças de abastecimento alimentício.

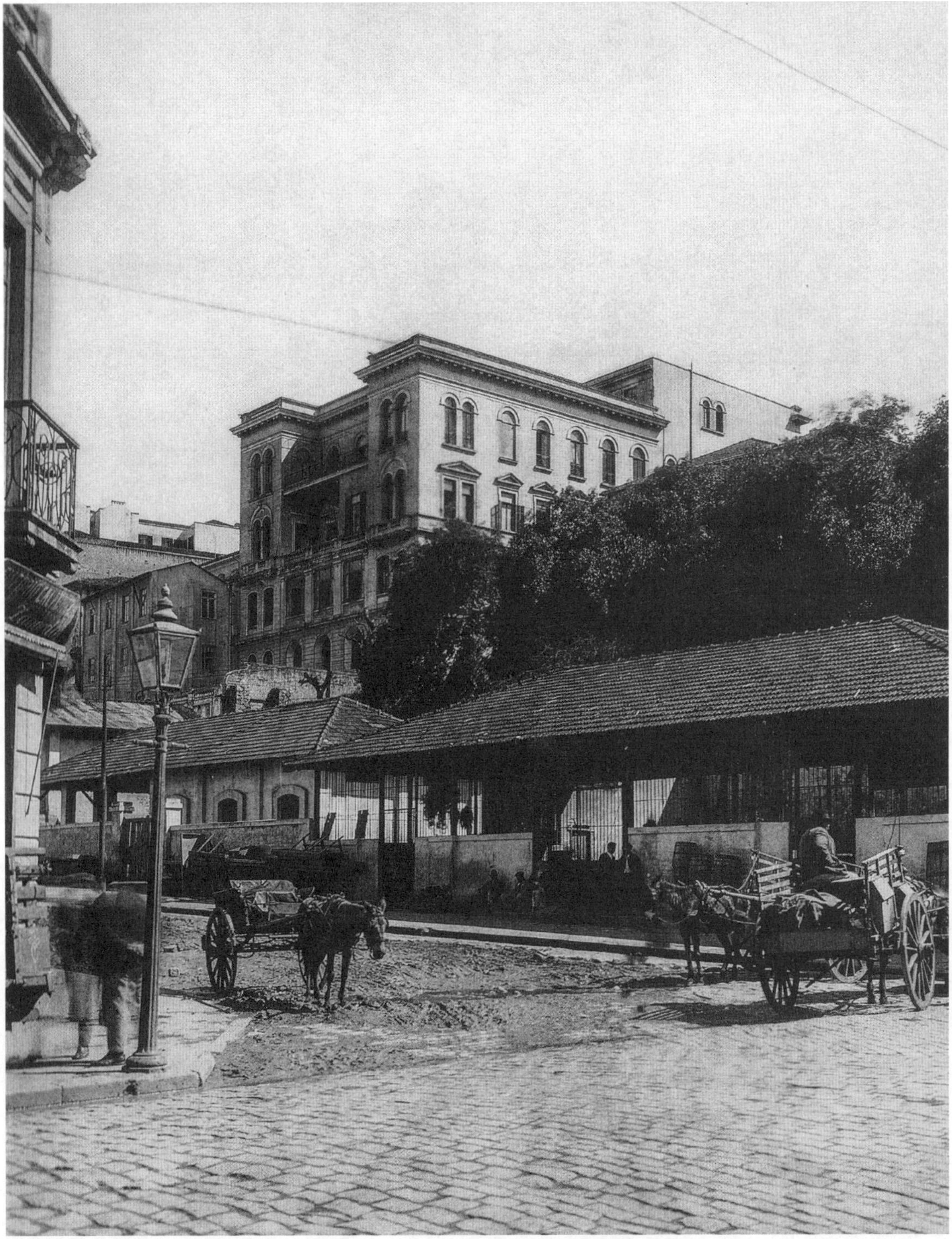

3

ENTRE NORMAS E EXCEÇÕES:

O COTIDIANO DOS COMERCIANTES NO

ABASTECIMENTO ALIMENTÍCIO DE SÃO PAULO

O caminho para ingressar no comércio alimentício realizado nos mercados públicos e feiras livres da capital deveria passar, segundo as exigências legais, pelo aval da administração municipal. Essas exigências constavam no *Código de Posturas de 1886*[138] e no *Regulamento para as Praças de Mercado*[139], expedido em 23 de setembro de 1896. Ambos os documentos exigiam aos comerciantes a apresentação da carta de *licença*, concedida pela Prefeitura, para o estabelecimento de seus negócios. Para obtê-la, os negociantes precisavam declarar em documento os diferentes gêneros alimentícios que portavam, pagando o *Imposto sobre Produtos* correspondente aos itens comercializados – hortaliças, frutas, aves e ovos, carnes etc. Quanto maior a variedade de alimentos vendidos, maior o número de impostos. De acordo com as normas da prefeitura, havia diferenciações nos valores para cada tipo de gênero, cabendo ao comerciante planejar quais mercadorias pretendia levar ao mercado durante o período que durasse sua licença.

No *Código de Posturas de 1886*, é interessante notar a preocupação do poder público em coibir a *omissão de gêneros negociados* por parte dos vendedores. No entanto, a intenção de fiscalizar os comerciantes esbarrava na insuficiência de seu corpo de funcionários, já que, entre 1896 e 1911, esse serviço era realizado por cerca de

---

138 *Código de Posturas da Câmara Municipal da Imperial Cidade de São Paulo*, aprovado pela Assembleia Legislativa Provincial (Lei n. 62, de 31 de maio de 1875), São Paulo: Typographia do "Diário", 1875.

139 Ato n. 2, de 23 de setembro de 1896, *op. cit.*, p. 221.

trinta guardas-fiscais e dois inspetores[140]. Considerando o crescimento contínuo da população, era bastante difícil para a administração pública impedir o comércio de produtos não registrados nas cartas de licença dos vendedores. Essa distância entre as intenções de fiscalização e os instrumentos de que dispunha a prefeitura já estava pontuada no *Código de Posturas de 1886*, em seu artigo 159, no qual se propõe a *cobrança de multa* para os vendedores que oferecessem gêneros sem o pagamento do Imposto sobre Produtos[141].

A partir de 1890, a cidade de São Paulo passa a ser administrada por um Conselho de Intendências, cujos membros, em 1892, são escolhidos entre os próprios vereadores. Nesse período aparece pela primeira vez a Intendência de Higiene e Saúde Pública, depois organizada como Intendência de Polícia e Higiene (1896) e Seção de Polícia e Higiene (1898), à qual estava subordinada a administração dos mercados e do comércio ambulante. A existência desse órgão, que conjugava funções de fiscalização sanitária e de repressão policial, revela as intenções da prefeitura de "regularizar" o abastecimento alimentício, encarando-o como caso de polícia e criminalizando determinadas formas de comércio realizadas por populares.

Buscando reforçar a cobrança do Imposto sobre Produtos, já explicitada no *Código de Posturas de 1886,* o *Regulamento para as Praças de Mercado* aparece no período republicano como nova tentativa de controle sobre a fiscalização do comércio de alimentos.

O movimento pela imposição de regras aos comerciantes esbarrava em sérias dificuldades: além da insuficiência do número de fiscais, havia diante da prefeitura uma cidade composta de produtores, comerciantes, lavradores, carroceiros e outros trabalhadores que durante décadas foram habituados ao livre comércio, à livre circu-

---

[140] Raymundo Duprat, Relatório de 1896, apresentado à Câmara Municipal de São Paulo pelo Intendente de Polícia e Higiene Dr. José Roberto Leite Penteado, São Paulo: Typ. A Vapor de Paupério & Cia, 1897, p. 4.

[141] *Ibidem*, p. 1.

lação, e que estavam diretamente associados ao abastecimento alimentício da capital. Essas práticas de venda delineavam uma adequação entre as formas de sobrevivência popular e as necessidades do suprimento de gêneros.

No *Regulamento para as Praças de Mercado*, documento criado para a normatização do comércio nos mercados públicos de São Paulo, percebe-se o caráter centralizador pretendido pela Intendência de Polícia e Higiene, que funcionava como seção administrativa gerenciadora de todo o movimento de negociantes nesses estabelecimentos, buscando controlar os ingressos, as saídas e a circulação dos vendedores: "Art. 4º – À Intendência de Polícia e Higiene compete a concessão de licença para início de qualquer ramo de negócio, mudança ou transferência de firma, de local, de ramo de ocupação etc.; nas praças de mercado"[142].

Permeado por diferentes formas de "experimentar" a transição para o século XX, o dia a dia do abastecimento era cadenciado por tensões e conflitos entre as diversas categorias de comerciantes, bem como entre estes e a administração municipal. As primeiras décadas da jovem República foram marcadas pelo confronto entre as práticas comerciais da população nacional, a inserção e concorrência de diferentes grupos de estrangeiros no setor alimentício e a intensificação da fiscalização e da normatização sobre o comércio popular de alimentos.

O cotidiano dos trabalhadores dos mercados, ruas e feiras livres era uma viva amostra da pluralidade de códigos socioculturais existentes na sociedade. Nessa perspectiva, as disputas, rixas e conflitos ganham significado como micropolíticas a partir das quais é possível reconhecer e diferenciar grupos e interesses distintos naquele contexto histórico[143].

Nos primeiros anos do século XX, o mercado de trabalho teve um crescimento significativo de estabelecimentos industriais, passando de 414 unidades, entre 1905

---

142 Ato n. 2, de 23 de setembro de 1896, *op. cit.*, p. 221.

143 Sidney Chalhoub, *Trabalho, lar e botequim: o cotidiano dos trabalhadores no Rio de Janeiro da Belle Époque*, Campinas: Editora da Unicamp, 2001.

e 1909, para 1.038 entre 1910 e 1914[144]. Nesse período, os ânimos dos fazendeiros eram limitados por sucessivas crises na cafeicultura e o consequente crescimento da dívida externa – crises acompanhadas por diversas medidas visando à valorização do produto. Vale ressaltar, a respeito dessa fase, que a maioria dos trabalhadores estava envolvida com o setor de comércio e transportes, que representava, junto com as profissões liberais, os cargos eclesiásticos e a administração civil, 68,3% da população ativa em 1893. Esse setor permaneceu em alta durante toda a primeira metade do século XX, contabilizando 73,4% dos trabalhadores em 1950[145]. Nesses números está incluída uma gama variadíssima de atividades, como as de carroceiros, vendedores ambulantes, pequenos produtores de gêneros alimentícios, comerciantes eventuais, carregadores de volumes, transportadores de mercadorias, feirantes e outros trabalhadores, cujo cotidiano veremos agora mais de perto.

O vendedor de mercadorias em carroça Vitorino Faria Guimarães instalava-se em uma seção do Mercado 25 de Março conhecida como "Mercado de Verduras". Ali estacionava seu cargueiro de alimentos, registrado pela prefeitura com o certificado n. 94, estando habilitado somente para o comércio de hortaliças, pelas quais pagava o Imposto sobre Produtos. Em maio de 1907, Vitorino não vendeu apenas verduras e legumes, mas trouxe certo volume de laranjas, tendo sido flagrado por um guarda-fiscal e obrigado ao pagamento da multa de 30$000[146]. Esse valor correspondia a aproximadamente um terço do salário de um trabalhador operário em 1918, o que significava mais da metade do valor de um aluguel de dois cômodos com cozinha[147], ou seja, era uma multa pesada para o orçamento de um carroceiro.

---

144 Tabela: Cidade de São Paulo – Repartição dos Estabelecimentos Industriais, segundo as Datas de sua Fundação: 1850-1919. *Memória urbana: a Grande São Paulo até 1940*, São Paulo: Arquivo do Estado/Imprensa Oficial, 2001, p. 76.

145 Tabela: Cidade de São Paulo: População Ativa por Setores de Produção: 1798, 1836, 1893, 1950, *ibidem*, p. 62.

146 Petição encaminhada à Intendência de Polícia e Higiene, 1907. Arquivo Histórico Municipal, Fundo PMSP, Caixa 684.

147 Sobre salários e custo de vida de trabalhadores na cidade de São Paulo, ver: *Nosso Século – 1910 a 1930*, *op. cit.* p. 108.

A autuação desse comerciante continha aspectos diferenciais que trouxeram à tona particularidades da fiscalização e do multado. Por um lado, o fiscal envolvido não portava talão de recibos e, por outro, o indivíduo autuado recusou-se ao pagamento da multa. As atribuições delegadas aos guardas-fiscais durante o período estudado eram muito superiores às suas possibilidades de trabalho. Contando com trinta efetivos até 1911, a administração dividiu a cidade em trinta regiões de inspeção, onde os fiscais deveriam observar o cumprimento da limpeza pública e particular, verificar as edificações em construção, fazer intimações para a demolição e reforma de prédios, estábulos, cocheiras e açougues em "mau estado", intimar moradores à construção de muros e calçamentos, além de aplicar multas aos infratores das leis, posturas e regulamentos municipais. Com tantas responsabilidades, esses funcionários gozavam de certa condescendência por parte de seus superiores, especialmente nos casos em que cometiam falhas – relembremos aqui o episódio do flagrante do vendedor Vitorino e a falta de advertência para o guarda-fiscal que não portava o talão de recibos. A postura de recusa ao pagamento da multa implicou a apreensão do cargueiro de Vitorino, que foi recolhido ao depósito municipal. Esses fatos estão presentes em uma petição enviada em 1907 pelo referido comerciante de hortaliças (e laranjas) à Intendência de Polícia e Higiene, concluída com o seguinte pedido:

> Em face do que acima declara, o suplicante vem solicitar de V. Exª, que se digne mandar restituir-lhe o cargueiro apreendido, independente da multa.
> Do deferimento pede justiça. Espera Real Mercê
> São Paulo, 10 de maio de 1907[148].

Na tentativa de recuperar seu veículo de trabalho, sem o qual não poderia continuar seu negócio, Vitorino, analfabeto, consegue o auxílio de Antonio Norberto

---

148 Petição encaminhada à Intendência de Polícia e Higiene, 1907. Arquivo Histórico Municipal, Fundo PMSP, Caixa 684.

da Silva, um conhecido que, além de redigir a petição, assinou-a como testemunha. O argumento-chave levantado pelo peticionário apontava a falta do talão de recibos por parte do fiscal como motivo da apreensão do cargueiro. Como não havia talão, levaram-lhe os instrumentos de trabalho para garantir o pagamento da multa. Reconhece-se nesse fato não apenas uma estratégia argumentativa de Vitorino, mas uma postura de indignação por ser multado e ter apreendida sua carroça sem que ao menos fosse documentada a ocorrência.

O depoimento do guarda-fiscal envolvido nesse caso, José Parente, confronta-se diretamente com a denúncia presente na petição:

> Cumpre informar que fiz recolher ao depósito da rua do Gasômetro n. 292 o cargueiro pertencente ao suplicante; quanto à multa, o suplicante não quis pagar. Em relação ao talão de multas, cumpre-me informar que, tendo nesse dia saído às pressas de casa para ir assinar o ponto de manhã, por esquecimento, deixei em casa a pasta onde costumo conservar o talão de multas. São Paulo 15-05-1907[149].

Em seu depoimento, o guarda-fiscal apresenta os fatos que considera relevantes em relação à situação do peticionário. Afirma que a carroça foi recolhida porque o infrator recusou-se ao pagamento da multa, omitindo qualquer relação entre a falta do talão de recibos e a recusa ao pagamento da multa pelo autuado. Logo em seguida, sem argumentos sólidos, procura justificar a falta do talão.

O itinerário burocrático das petições iniciava-se nas seções de administração de cada mercado público, passando pela Secretaria da Intendência e, em seguida, pela Intendência de Polícia e Higiene. Nesta última, eram determinadas as resoluções finais a respeito de quaisquer petições, requerimentos e demais casos envolvendo os entrepostos de abastecimento. A nota final sobre a autuação do brasileiro Vitorino Faria

---

149 Depoimento do guarda-fiscal José Parente sobre o pedido de devolução de carroça e mercadorias apreendidas de Vitorino Faria Guimarães. Petição encaminhada à Intendência de Polícia e Higiene, 1907. Arquivo Histórico Municipal, Fundo PMSP.

Guimarães, multado pelo porte de produtos não licenciados, resultou em prejuízos sérios ao comerciante, como constatamos no despacho da Secretaria da Intendência e da própria Intendência de Polícia e Higiene:

> – O animal mandei entregar; as frutas não. Acho que deve ser indeferido o requerimento, mais para confirmar o ato do fiscal, visto que as frutas estão quase todas podres. 16-05-1907 (Assinatura ilegível – Secretaria da Intendência)
> – Não tem lógica o que pede. (Assinatura ilegível – Intendência de Polícia e Higiene)[150].

Posicionando-se a favor do guarda-fiscal e ignorando a displicência desse funcionário pela falta do talão de recibos, a Secretaria da Intendência acirrou a punição do comerciante de hortaliças, devolvendo-lhe apenas o animal de tração e retendo o cargueiro e as mercadorias. Como se verifica no despacho, o indeferimento da petição de Vitorino impunha-se à administração pública, que necessitava afirmar a rigidez do serviço de fiscalização, especialmente em relação ao comércio de produtos não licenciados. Como poderia a prefeitura fazer respeitar as normas e regulamentos sobre os comerciantes com um número limitado de funcionários? Intensificando a rigidez sobre os trabalhadores flagrados em situação ilegal e criando impressões e imagens de um serviço fiscal inflexível.

É interessante observar que a normatização imposta pela prefeitura não coadunava com os reais interesses e necessidades comerciais dos trabalhadores. O comerciante de hortaliças multado é também um carroceiro; seus produtos eram trazidos, possivelmente, de uma área de cultivo não muito distante do núcleo urbano de São Paulo. Se Vitorino pagava o imposto sobre hortaliças, era certamente porque tinha possibilidade de aquisição desse gênero alimentício, fossem as horta-

---

150 Resposta da Secretaria da Intendência e da Intendência de Polícia e Higiene, nesta ordem, à petição encaminhada por Vitorino Faria Guimarães em maio de 1907. *Loc. cit.*

liças cultivadas por ele mesmo ou compradas de outros produtores. Em ambas as hipóteses, a obtenção dos produtos dependia da produção das chácaras e dos sítios existentes nas áreas circunvizinhas à capital, cujas lavouras não eram organizadas por monoculturas, havendo algumas que diversificavam suas plantações em economia de subsistência. Desse modo, a variedade dos mantimentos oferecidos pelos comerciantes era uma necessidade do abastecimento realizado pelos trabalhadores pobres. Outro elemento que se nota no processo de Vitorino é a iniciativa popular de procurar a Intendência de Polícia e Higiene, reclamando a restituição de bens apreendidos por vias legais.

Esse mesmo caminho é verificado em outra petição, remetida no ano de 1910, envolvendo mais um comerciante de alimentos em situação irregular. Nesse caso, estavam envolvidos o vendedor ambulante Salvador dos Santos, imigrante italiano morador da cidade, e um de seus filhos. O problema com as autoridades tem início quando o filho foi pego, pelo guarda-fiscal, carregando aves e ovos entre a alameda Barão de Paranapiacaba, na região da Sé, e a rua Duque de Caxias, e foram apreendidas as suas mercadorias. Materialmente prejudicado, o chefe de família procurou recuperar os produtos retidos recorrendo à Intendência de Polícia e Higiene. A carta de petição, exigida pelas autoridades para quaisquer pedidos, foi preenchida por um amigo ou algum prestador desse tipo de serviço. O requerimento foi elaborado de acordo com a versão apresentada por Salvador dos Santos:

> [...] que tendo hoje, pela manhã, o seu filho ido comprar alguns frangos e ovos ao mercado, foi, no seu regresso, pegado pelo Sr. fiscal do distrito que o supôs um vendedor ambulante, apreendendo os mesmos frangos e ovos.
> O suplicante, pois, em vista disso, vem declarar que seu filho não tencionava absolutamente vender o frango e os ovos, para, em parte, ser para uso da família, e o resto para ser vendido pelo suplicante, logo que se restabelecesse, pois que se acha doente.

O suplicante é chefe de numerosa família, reside no Brasil há muitos anos e não seria capaz de mandar seu filho vender o que quer que fosse sem a respectiva licença. Em vista do que alega acima, o que é verdade, pede ao suplicante para que vos digneis mandar-lhe restituir os mesmos frangos e ovos[151].

O fato mencionado no requerimento evidencia a situação de um imigrante já estabelecido no Brasil, chefe de uma família numerosa. Como esse trabalhador, inúmeros outros integravam o comércio ambulante de gêneros alimentícios, nem sempre identificados pelas autoridades municipais.

No caso citado, a compra de aves e ovos para a revenda era realizada, entre outros lugares, nas imediações do Mercado 25 de Março, especificamente na travessa do Mercado, onde existiam depósitos de aves e ovos dos quais se abasteciam não somente os ambulantes, mas também alguns vendedores instalados no próprio Mercado Municipal. A existência desses depósitos colados ao Mercado 25 de Março, oferecendo produtos no atacado, pode indicar que esse espaço era frequentado por trabalhadores interessados na revenda de gêneros alimentícios. Na petição, Salvador dos Santos afirma que seu filho apenas transportava os produtos comprados "no mercado" – essa referência não remetia exclusivamente ao prédio do Mercado 25 de Março, mas também ao território de abastecimento no qual este se inseria, junto com o Mercado dos Caipiras, o Mercado de Peixe e os depósitos de mantimentos instalados no seu entorno.

Salvador dos Santos declarava que os produtos em questão seriam vendidos por ele próprio, já que possuía carta de licença da prefeitura e pagava corretamente o Imposto sobre Produtos. Para corroborar sua fala, assume uma postura de "imigrante honesto e trabalhador", integrado à disciplinarização das formas de trabalho, de acordo com os anseios das classes dirigentes promotoras da imigração, sendo, por isso, incapaz de permitir que seus filhos desobedecessem às leis. Invocando sua

---

151 Petição encaminhada à Seção de Polícia e Higiene, 1910. Arquivo Histórico Municipal, Fundo PMSP, Caixa 754.

condição de europeu e suposta "civilidade", pede a devolução dos bens apreendidos. Diante do flagrante da ocorrência, em que o filho de Salvador foi visto mais de duas vezes comercializando as aves e os ovos, a petição foi indeferida[152].

Os dois documentos analisados apresentam similitudes e distinções. É necessário reconhecer que o comerciante de hortaliças Vitorino Faria Guimarães estava direta ou indiretamente ligado às áreas de produção de alimentos e à população nacional, atuando como negociante na área externa do Mercado 25 de Março, onde pagava, além do Imposto sobre Produtos, determinada taxa de localização. Mesmo nessa relação mais estreita com a administração pública, negou-se ao cumprimento integral das normas de comércio, recusando-se, ainda, ao pagamento da multa que lhe foi aplicada. Na petição em que reclama a devolução de seu cargueiro e de suas mercadorias não há muitos argumentos, mas um tom de indignação com a aplicação da multa e a apreensão de seu veículo.

Essa atitude de relutância está inserida num contexto de confronto: de um lado, o insistente esforço de efetivação da normatização do comércio popular promovido pelas classes dirigentes a partir de 1889; de outro, práticas, costumes e tradições de produtores e comerciantes ligados ao abastecimento alimentício de São Paulo. Vitorino, trabalhador nacional instalado dentro do Mercado 25 de Março, procurava adequar o Imposto sobre Produtos a suas condições de obtenção de mercadorias, pagando imposto sobre hortaliças e trazendo outros gêneros que adquiria. Já Salvador dos Santos, trabalhador ambulante de origem estrangeira, morador da cidade, pagava imposto sobre aves e ovos, mas empregava um de seus filhos, não licenciado, para ajudá-lo nas vendas. Além disso, provavelmente adquiria seus produtos de forma indireta, comprando as mercadorias no comércio atacadista e de terceiros.

A partir dessas e outras ocorrências analisadas, percebemos que o Imposto sobre Produtos não era bem aceito pelos comerciantes, na medida em que lhes exigia a comercialização de mercadorias predeterminadas ao passo que a aquisição de alimentos

---

152 *Loc. cit.*

pelos vendedores adaptava-se à constante variedade de gêneros disponíveis nas áreas de lavoura da capital e das chácaras vizinhas. Assim como Vitorino Faria Guimarães, inúmeros outros negociantes traziam mercadorias de chácaras, sítios e pequenas lavouras.

> Diz Salvador Camizzarro proprietário e morador à Várzea de Santo Amaro, que desejando vender ambulantemente, nos arrabaldes da capital, várias espécies de frutas de sua chácara, isto é, conduzindo-as em cargueiro, vem por meio deste requerer a V.ª Ex.a que se digne conceder-lhe o necessário alvará de licença.
> São Paulo, janeiro de (data não identificada)[153].

Esse chacareiro de Santo Amaro procura obter carta de licença para vender os produtos de sua propriedade de forma ambulante; menciona a disponibilidade de frutas em sua propriedade e propõe-se ao pagamento do imposto relativo a esse gênero. Entretanto, era comum nessas pequenas lavouras a plantação de verduras e legumes e a criação de animais, o que tornava o Imposto sobre Produtos um sério problema para os comerciantes de gêneros alimentícios em São Paulo.

O relatório do guarda-fiscal César de Figueiredo, junto com outros registros contendo a mesma infração, demonstra que a rejeição ao pagamento do Imposto sobre Produtos não acontecia somente nos mercados públicos e no comércio ambulante. Nesse documento, verifica-se o funcionamento de casas de comércio sem o registro da prefeitura e sem o pagamento de impostos, conforme relatório de 1906:

> Comunico à Seção de Polícia e Higiene que,
> De acordo com o art. 297 do Código de Posturas Municipais, multei em vinte mil réis ao cidadão Vicente Lamóglia, por ter aberto um negócio de quitanda sem licença da Prefeitura conforme: auto que vai sem a assinatura do multado

---

[153] Petição encaminhada à Intendência de Polícia e Higiene (data não identificada, mas, a julgar pela organização dos documentos, refere-se ao período de 1906 a 1912). Arquivo Histórico Municipal, Fundo PMSP, Caixa 686.

por ter se recusado a assinar o ciente e também duas testemunhas por não tê-las assinado na ocasião.

César de Figueiredo – Guarda-fiscal[154].

O comerciante Lamóglia mantinha em funcionamento um estabelecimento fixo de frutas, verduras e legumes e outros alimentos, sem pagar Imposto sobre Produtos por nenhum desses gêneros. Ao ser multado por abertura de negócio sem licença, negou-se a assinar a autuação. Essa postura indica que provavelmente a regularização de seu negócio com o pagamento dos devidos impostos implicaria o fechamento da quitanda, tais eram os encargos devidos ao poder público.

Essas ocorrências são sintomas de um movimento popular de resistência contra o Imposto sobre Produtos. Os casos analisados, envolvendo comerciantes nacionais e estrangeiros instalados em diferentes espaços da cidade, demonstram a incompatibilidade do imposto numa cidade cuja tradição de abastecimento adaptava-se à diversificação de gêneros disponíveis.

O memorialista Jorge Americano[155] descreve a produção das lavouras de São Paulo como pequenas unidades de cultivo com uma multiplicidade de espécies de alimentos produzidos. Nesse contexto, os negociantes que procuravam abastecer-se nas chácaras e sítios da área paulistana adaptavam-se à variedade de alimentos disponíveis no "mercado produtor". Para boa parte dos lavradores, realizando cultivos em chácaras, sítios e quintais, alguns em regime de subsistência, o que determinava a escolha de um produto comercializável era a possibilidade de obtê-lo; em alguns casos, vendia-se o que não seria consumido pela família do produtor – o excedente –, prática que implicava uma variação constante dos alimentos levados ao mercado.

---

154 Relatório do guarda-fiscal César de Figueiredo enviado regularmente à Intendência de Polícia e Higiene. Arquivo Histórico Municipal, Fundo PMSP, Caixa 751.

155 Jorge Americano, *op. cit.*, 1957, pp. 108-10.

A análise das práticas comerciais do vendedor de hortaliças em carroça instalado dentro do Mercado 25 de Março (Vitorino Faria Guimarães), do ambulante italiano morador da cidade (Salvador dos Santos) e do quitandeiro sem licença da prefeitura (Vicente Lamóglia) traz à tona um distanciamento entre o contexto de aquisição de gêneros e as exigências do Imposto sobre Produtos. Além da policultura praticada nas roças de pequeno porte, é importante levar em conta os interesses dos comerciantes: diversificando os mantimentos oferecidos, eles ampliavam suas possibilidades de venda e, omitindo o porte de mercadorias pelas quais não pagavam taxas, conseguiam melhorar seus lucros.

Também em 1906, o negociante de secos e molhados Alfonso Montebello, estabelecido no n. 254 da rua Santo Antonio, teve problemas com a prefeitura. Foi acusado por dezesseis comerciantes italianos de manter junto ao seu estabelecimento uma padaria clandestina, bem como de realizar negócio de quitanda, vendendo também frutas e verduras sem pagamento do Imposto sobre Produtos. Os denunciantes, todos italianos que mantinham pequenas casas de comércio, juraram em um abaixo-assinado que, durante todo o ano de 1906, Montebello manteve, além de sua casa de secos e molhados, uma padaria e uma quitanda[156]. Procurando anular as acusações que lhe foram dirigidas, Montebello mandou petição ao Tesouro Municipal informando que:

> Seu cunhado Pascoal Pecora foi sempre servente de pedreiro e sua senhora e filhas são costureiras numa loja turca, não exercendo o cargo de padeiros conforme o aviso junto: tendo apenas para a família um pequeno forno de 1 metro mais ou menos de circunferência.
> Por ser de justiça, pede a Vossa Senhoria, se digne mandar anular os respectivos avisos.
> De Alfonso Montebello[157].

---

156 Petição encaminhada à Intendência de Polícia e Higiene, São Paulo, 1906. Arquivo Histórico Municipal, Fundo PMSP, Caixa 751.

157 *Ibidem*.

Aparecem nessa petição as figuras do cunhado, da esposa e da filha de Montebello, indivíduos que, segundo os indícios do documento, são acusados de trabalhar como padeiros sem licença da prefeitura. O pedido de Montebello foi indeferido e ele foi multado.

É central nesse processo a condição de acirrada disputa comercial entre italianos. Consideradas as possibilidades de rixas entre facções de imigrantes de diferentes regiões da Itália, o fato é que os referidos denunciantes não se identificavam pela origem italiana, mas pelo pagamento comum do Imposto sobre Produtos.

Esse episódio traz à tona as relações de trabalho entre brasileiros e imigrantes, na medida em que expõe uma situação de franca hostilidade entre comerciantes de mesma origem, com a organização e a identificação de grupos feitas a partir de disputas comerciais. Para conhecer melhor esses agrupamentos e divisões nas relações de comércio, é importante atentar para outros espaços da cidade.

No interior dos mercados públicos, a associação de comerciantes com interesses comuns era um dos fatores mais importantes na conformação de grupos e territórios de trabalho. No início do século XX, os vendedores instalados no Mercado dos Caipiras foram pressionados pela prefeitura a transferir seus negócios para uma das seções do Mercado 25 de Março. A origem dessa medida estava em uma petição enviada à Intendência de Polícia e Higiene pela Sociedade União Comercial dos Negociantes do Mercado 25 de Março, entidade jurídica fundada em 1905 que representava 128 comerciantes. Formada por uma maioria de estrangeiros, sobretudo de italianos, a Sociedade pretendia eliminar o comércio realizado no Mercado dos Caipiras, pois os vendedores desse estabelecimento representavam séria concorrência nos negócios de mantimentos, carnes, aves e ovos.

> A superintendente – União Comercial [...] *representando a classe contribuinte, muitos de longa data* aqui exercendo atos de comércio, tem observado *diminuição considerável nas vantagens que auferia nos variados ramos de negócios [...].* *A seção Mercado dos Caipiras – sem prejuízo para a renda municipal – pode cessar, concentrando-se todo o negócio no mercado principal,* onde atualmente

há cerca de quarenta bancas vazias e muito espaço para ser ocupado pelos *mercadores que só estacionam horas*, retirando-se nos mesmo dia para as *freguesias e povoações pouco distantes da capital*.

[...] A ideia de diversos mercados não procede, considerando-se que *o comércio ambulante de gêneros e mercadorias de toda a qualidade cresce prodigiosamente*, de modo que sem sair de sua residência *a população se abastece do mercenário*, prejudicando a classe comercial que está onerada [...].

A suplicante confia e espera deferimento.

Espera Real mercê[158].

Buscando afirmar a força de sua organização, a Associação reforçou o fato de que representavam um grande número de contribuintes e que seus membros pagavam aluguéis de compartimentos e Impostos sobre Produtos. Defendeu a extinção do Mercado dos Caipiras, propondo à prefeitura que os vendedores desse estabelecimento interessados em continuar seus negócios pudessem se transferir para as locações desocupadas do Mercado 25 de Março.

A Associação descreveu os comerciantes do Mercado dos Caipiras como locadores diaristas vindos de freguesias e povoações próximas à cidade, argumentando que não havia, para eles, necessidade de locações fixas. Uma primeira questão suscitada pelo documento é: quais diferenças ou fatores tornavam o Mercado dos Caipiras uma ameaça de concorrência a ponto de ser proposta a sua extinção? A resposta a essa questão pode ser localizada no próprio requerimento. Em vários momentos, esse documento afirma que os negociantes do Mercado 25 de Março enfrentavam perda de lucros e falta de consumidores, mencionando, inclusive, uma diminuição intensiva no movimento do estabelecimento.

---

158 Petição encaminhada pela Sociedade União Comercial dos Negociantes do Mercado 25 de Março à Intendência de Polícia e Higiene em junho de 1906. Arquivo Histórico Municipal, Fundo PMSP, Caixa 684 (grifos nossos).

Consideremos que o Mercado dos Caipiras era um território onde boa parte das transações comerciais era feita ao ar livre, em cestos, caixas e carroças que ali estacionavam, viabilizando a instalação de comerciantes oriundos das áreas rurais e de populares, aos quais era cobrado somente o imposto sobre aves e ovos[159]. Isso permitia a disponibilização de alimentos mais baratos que aqueles oferecidos pelos comerciantes das seções fixas do Mercado 25 de Março. Essa situação provavelmente fez que o fluxo de consumidores para o Mercado dos Caipiras ganhasse vulto considerável em relação ao Mercado 25 de Março por volta de 1906, levando os concorrentes a tomar providências para recuperar a clientela.

Ainda no documento formulado pela Associação, verifica-se a preocupação desses negociantes com a concorrência representada pelo comércio ambulante, descrito como um setor em ascensão contínua e apontado como um dos fatores responsáveis pelo fechamento de outros mercados públicos existentes na capital. Diante desse quadro, eles propõem a concentração de todo o abastecimento alimentício no Mercado 25 de Março, com a extinção do Mercado dos Caipiras. Outro argumento utilizado pelos peticionários é o de que a centralização do abastecimento facilitaria o controle da fiscalização sobre os negociantes atravessadores, apontando o Mercado dos Caipiras como um dos principais focos de concentração e atuação desses trabalhadores, cujas atividades, consideradas ilegais, envolviam a compra de alimentos junto aos próprios produtores e a revenda na cidade a preços mais elevados.

A Sociedade União Comercial dos Negociantes do Mercado 25 de Março, fundada em agosto de 1905, aparece num momento de baixa do movimento comercial desse estabelecimento, justamente quando o Mercado dos Caipiras torna-se bastante frequentado pelo público consumidor. Essa sociedade significava a organização e o levante dos comerciantes instalados no prédio central do Mercado 25 de Março, que pagavam integralmente as taxas de aluguel e o Imposto sobre Produtos, ocupando os compartimentos

---

159 Sobre a cobrança exclusiva do imposto sobre aves e ovos no Mercado dos Caipiras, ver: Abaixo-assinado enviado pelos negociantes de aves e ovos do Mercado 25 de Março à Intendência de Polícia e Higiene, em abril de 1907. Arquivo Histórico Municipal, Fundo PMSP, Caixa 684.

mais caros do estabelecimento. Por essas circunstâncias, sentem-se injustiçados e prejudicados pelos comerciantes do Mercado dos Caipiras que, vistos pela prefeitura como negociantes de pequenos volumes, pagavam unicamente o imposto sobre aves e ovos, podendo comercializar, também, verduras, frutas, carnes e outros alimentos.

Um ano depois do encaminhamento da proposta de extinção do Mercado dos Caipiras, em 1907, como resposta da prefeitura aos anseios dos requerentes foi criada uma repartição especial no interior do Mercado 25 de Março: a *seção de aves e ovos* ou *seção dos caipiras*. Apesar de esse espaço ser destinado a abrigar o comércio do Mercado dos Caipiras, este continuou a funcionar até o final dos anos 1920.

Em 1907, os negociantes que ocuparam a seção de aves e ovos do Mercado 25 de Março enviaram um abaixo-assinado à prefeitura reclamando do prejuízo que sofriam devido à concentração do público consumidor no Mercado dos Caipiras. Reclamavam que boa parte dos vendedores preferiu continuar no antigo estabelecimento, assim contribuindo para despovoar a recém-criada seção de aves e ovos.

> Dizem os abaixo-assinados, negociantes de ovos, aves e passarinhos, instalados no Mercado dos Caipiras [referem-se à seção de aves e ovos], vêm levar ao conhecimento de V.ª Sr.ª que não podem saber se é ordem da prefeitura ou do administrador do Mercado Velho, que *há muito tempo os caipiras não chegam a esse mercado vender as suas mercadorias*, limitando-se tão somente a vendê-las no Mercado Velho. Ora, como os suplicantes pagam uma licença de 60.000 por ano e 30.000 por uns palmos de terra, estão os abaixo assinados sofrendo uma lesão [...], porque o Mercado dos Caipiras [novamente referem-se à seção de aves e ovos] está completamente deserto: Assim vêm os suplicantes respeitosamente pedir a V.ª ex. se digne ordenar as providências necessárias, para os suplicantes se restituírem, porque é impossível continuar dessa forma[160].

---

160 Petição enviada pelos comerciantes instalados na seção de aves e ovos do Mercado 25 de Março à Intendência de Polícia e Higiene, 1907. Arquivo Histórico Municipal, Fundo PMSP, Caixa 684 (grifos nossos).

Queixavam-se principalmente da diferença tarifária no Mercado dos Caipiras, onde não se pagava pelas locações, mas apenas o Imposto sobre Produtos, o que permitia a oferta de gêneros mais baratos, atraindo boa parte do público consumidor.

De nada adiantou a criação da seção de aves e ovos para substituir o Mercado dos Caipiras, havendo resistência por parte dos comerciantes desse entreposto, que tentavam manter o funcionamento do seu território. A transferência dos vendedores implicava não somente o pagamento integral de impostos e taxas, como também a adaptação às normatizações, regras e posturas sanitárias exigidas nos outros mercados públicos.

Em nota junto à petição dos vendedores de aves e ovos, o administrador do Mercado 25 de Março adota um tom esclarecedor, buscando explicar aos requerentes a nova configuração dos espaços do mercado e as nomenclaturas "corretas". Para ele, o Mercado dos Caipiras deveria ser chamado de "Área Externa", porque ali se concentravam os vendedores vindos do campo pela via férrea. Diz ainda que a seção de aves e ovos, onde os peticionários se instalavam, deveria ser reconhecida como "seção dos caipiras". Classificações à parte, interessa nesse depoimento a informação de que a concorrência que se abatia sobre os vendedores de aves e ovos vinha não só do Mercado dos Caipiras, mas também de comerciantes que saíram daquela seção para trabalhar com atacado em armazéns da região.

> Os negociantes de aves, ovos etc. que negociam naquela seção, estabeleceram-se nas imediações do mercado, em pequenos armazéns e ali recebem os gêneros e os vendem, sendo que: três e quatro ocupam um só armazém e negociam com uma só Licença, oferecendo mais vantagens sobre os outros estabelecidos no mercado. Se estes vendedores de aves que negociam fora, voltassem ao mercado, daria novamente impulso àquela seção [...][161].

---

161 Depoimento do administrador do Mercado 25 de Março sobre abaixo-assinado enviado à Intendência de Polícia e Higiene, 1907. *Loc. cit.*

Em abril de 1907, os negociantes da seção de aves e ovos encaminharam nova petição à prefeitura solicitando a intervenção do poder público para restringir o acesso ao Mercado dos Caipiras somente a pequenos produtores e comerciantes vindos de áreas rurais, aos quais denominavam "verdadeiros caipiras". Constando de 24 assinaturas, a proposta dos peticionários era eliminar a concorrência representada pelos comerciantes do Mercado Velho, uma vez que o fluxo de consumidores para esse local aumentava consideravelmente:

> Dizem os abaixo-assinados negociantes do Mercado 25 de Março – Seção de galinhas e ovos, vêm respeitosamente solicitar de Vossa Excelência providências no sentido de melhorar a situação atual que vêm atravessando, sem que uma providência seja tomada. *Os negociantes dessa seção há muito sentem-se prejudicados com a seção dos caipiras no Mercado Velho*, hoje transformando-se completamente em negociantes e atravessadores, quando é certo que *verdadeiros caipiras não concorrem ao mercado com uma média de 5% ao ano. Vê-se ali quantidades de cargueiros de galinhas e ovos*; esses não podem ser caipiras, são tão negociantes quanto os abaixo assinados e todos reconhecidos como negociantes, e contra eles *há alguns residentes nessa capital que vão a município estranho fazer compras e dão entrada no mercado novo, como caipiras encapotados* [...][162].

Entre 1906 e 1908, foram enviadas ao poder público quatro petições reclamando do Mercado dos Caipiras. Ao que tudo indica, a concorrência com esse estabelecimento interferia decisivamente no movimento do Mercado 25 de Março. De acordo com a denúncia acima, inúmeros comerciantes ingressavam no Mercado dos Caipiras para aproveitar as vantagens da isenção de aluguéis e do pagamento de imposto, restrito a aves e ovos. Como esses benefícios eram concedidos pela prefeitura

---

162 Abaixo-assinado encaminhado pelos comerciantes da seção de aves e ovos do Mercado 25 de Março à Intendência de Polícia e Higiene, em abril de 1907. Arquivo Histórico Municipal, Fundo PMSP, Caixa 684 (grifos nossos).

exclusivamente aos produtores e comerciantes vindos do campo, muitos se passavam por roceiros para se instalar no mercado, sendo chamados pelos peticionários de "caipiras encapotados", os quais, segundo as acusações, traziam para o comércio grandes quantidades de aves, ovos e outras mercadorias.

Os pequenos produtores rurais, que traziam para a venda os excedentes de suas lavouras, são denominados pelos peticionários como "verdadeiros caipiras", afirmando que sua participação comercial era bem pequena se comparada ao grande número de comerciantes vendedores que ocupavam o Mercado dos Caipiras.

Em outubro de 1908, dez comerciantes instalados no Mercado 25 de Março enviaram petição à prefeitura reclamando da venda de frutas no Mercado dos Caipiras. Alegavam que os negociantes desse entreposto só tinham licença para portar aves e ovos e cobravam ainda a presença da fiscalização para restringir a venda de gêneros não licenciados no estabelecimento concorrente.

> Os abaixo assinados Luigi Spero Ignácio, Pietro Grimaldi, João Teixeira, Lourenço Rega, Giuseppe Rizzi, Vosti Paulo, Vicenzo Amadeo, Juliano Júlio Alves, Domenico Nicoletti e Francesco Liciardo, negociantes estabelecidos no Mercado Grande da rua 25 de Março viemos respeitosamente requerer a V.ª Sr.ª a fim de dar providências no sentido de *não permitir que os negociantes do Mercado Velho (quer dizer, do antigo dos caipiras) façam negócios iguais aos nossos*, assim nos prejudicando, visto os mesmos terem apenas licença para vender aves e ovos, abusam desse direito e vendem frutas, pagando apenas um aluguel e [não] pagando dois.
> Achando de direito e justiça nossa reclamação, esperamos de V.ª Ex. uma solução favorável. Espera Real Mercê
> (Todos analfabetos e não podem assinar)[163].

---

[163] Abaixo-assinado enviado por dez comerciantes do Mercado 25 de Março à Intendência de Polícia e Higiene, em outubro de 1908. Arquivo Histórico Municipal, Fundo PMSP, Caixa 684 (grifos nossos).

Conforme informações obtidas nas petições e reclamações envolvendo o Mercado dos Caipiras, além de galinhas e ovos, seus negociantes vendiam frutas e até hortaliças, sem pagar impostos comuns aos outros mercados públicos, o que lhes dava maior vantagem sobre os concorrentes.

Para o administrador do Mercado 25 de Março, não havia nenhuma irregularidade no Mercado dos Caipiras, sendo permitida a seus negociantes a venda de outros produtos desde que em pequenas quantidades, argumento que pressupunha a participação exclusiva de lavradores, chacareiros e pequenos produtores – "caipiras", como eram conhecidos pelo poder público, ou "bufarinheiros", como são denominados pelo administrador:

> Os negociantes estabelecidos na área externa, em locações permanentes, a que damos o nome de bufarinheiros, vendem objetos miúdos e, entre estes, frutas nacionais em pequena quantidade.
> *Foi-lhes sempre permitido venderem frutas nacionais* e os que ocupam duas locações pagam duas.
> Os peticionários reclamam porque se conseguirem diminuirão a concorrência.
> Deve-se indeferir a presente petição – 26 de outubro de 1908.
> Francisco Ferreira – Administrador[164].

Para a prefeitura, *caipiras* eram os trabalhadores envolvidos com o comércio de alimentos que negociassem pequenas quantidades, o que remetia às suas condições de produção em pequenas lavouras de subsistência, como agregados, arrendatários ou chacareiros. Em suma, eram caipiras porque comercializavam os excedentes de suas roças.

Na prática, os produtores/roceiros que pagassem o imposto sobre aves e ovos estavam automaticamente liberados para negociar outros produtos e gêneros alimen-

---

164 Depoimento do administrador do Mercado 25 de Março. *Loc. cit.* (grifos nossos).

tícios como frutas, verduras e ervas medicinais. As providências solicitadas pelos trabalhadores do Mercado 25 de Março foram negadas, tendo o administrador julgado que o pedido dos comerciantes era uma estratégia de eliminação da concorrência.

A oposição entre os trabalhadores dos mercados municipais misturava fatores culturais e interesses comerciais. No prédio central do Mercado 25 de Março, havia uma concentração de trabalhadores cujos vínculos se davam pela realidade comum em relação ao poder público, como o pagamento integral do Imposto sobre Produtos, a exigência de aluguéis e a concorrência com o Mercado dos Caipiras. Além disso, a maioria dos mercadores desse território era de origem estrangeira, como se constata nas petições.

Durante o século XIX, comerciantes nacionais concentravam-se no Mercado dos Caipiras, que constituía um *território de comércio popular* na transição para o século XX. Além dos produtores vindos do campo, o local reunia vendedores esporádicos, ambulantes e toda a gama de comerciantes pobres que ali se instalavam, contribuindo para o estereótipo do "caipira".

O comércio ambulante de leite era uma das atividades que mais preocupava a Intendência de Polícia e Higiene, bem como o Serviço Sanitário, devido às constantes adulterações do produto e possíveis doenças provenientes do gado. Em 1906, Manoel Antonio Coelho, vendedor ambulante de leite nas proximidades do Mercado 25 de Março[165], ao requerer licença para o seu negócio, foi apontado pelas autoridades do serviço de fiscalização como infrator, acusado de utilizar documentos de licença de terceiros.

Segundo depoimento do guarda-fiscal envolvido, só poderiam comercializar leite aqueles proprietários ou vaqueiros que apresentassem ao Tesouro Municipal um atestado constando que todas as vacas haviam sido verificadas como não tuberculosas, bem como que houvessem sido vistoriadas as condições higiênicas dos estábulos.

---

165 Mesmo não havendo referência direta sobre o lugar onde o ambulante comercializava, a localização do documento que contém esse caso permite inferir que a autuação foi realizada nas imediações do Mercado 25 de Março, pois estava guardado nas pastas do serviço de fiscalização desse estabelecimento. Manoel Antonio Coelho foi autuado por guardas-fiscais responsáveis pelo Mercado 25 de Março.

Depreende-se desse processo que Manoel fazia negócios sem possuir nenhum gado, ou seja, revendia o leite de outros proprietários, porque estava impedido de adquirir licença legalmente. Sem vacas e sem licença, esse vendedor solucionava sua condição burlando as autoridades fiscais[166]. No despacho emitido pelo Inspetor do Tesouro, que reunia informações dos guardas-fiscais, é possível conhecer os modos como o leiteiro conseguia manter suas atividades, apesar das frequentes inspeções do serviço de fiscalização.

> O suplicante não tem nem nunca teve vacas de leite, nem vacinadas, nem por vacinar e quer a todo o custo vender leite contra as constantes reclamações dos vaqueiros, que compram as vacas e as perdem. Do camarada Manoel F. da Cruz, que retirou-se da capital em 1904, comprou o suplicante a Licença daquele e vendeu leite sem ter vacas. No ano passado, achou meio de ficar com a Licença de Silva Camargo, cujas vacas deixaram de ser leiteiras. Este ano aproveitou o mês de janeiro, prazo concedido para tirar Licença. Em fevereiro apresentou três cadernetas de vacas vacinadas, dizendo tê-las comprado. Disse-lhe que me provasse a compra com qualquer documento. Como não o tivesse, pois as cadernetas tinham sido emprestadas por algumas horas, não voltou mais. Andou então empenhando-se para que eu lhe desse o atestado sem ter vacas, ao que não acedi. Arranjou ele de vender leite com a Licença de Serafim da Silva Gadelha, o que embaraça enormemente a fiscalização.
> Portanto deve-se indeferir e, para acabar com o abuso, deve ser caçada a Licença de Serafim S. Gadelha.
> Alfonso Montebelo – Inspetor do Tesouro[167].

---

[166] Petição enviada pelo comerciante de leite Manoel Antonio Coelho à Intendência de Polícia e Higiene, em novembro de 1907. Arquivo Histórico Municipal, Fundo PMSP, Caixa 686.

[167] Depoimento do Inspetor do Tesouro, que estava a par das atividades de Manoel Antonio Coelho, interferindo no pedido de licença desse comerciante. *Loc. cit.*

Buscando forjar sua permanência no negócio de revenda de leite, Manoel procurava satisfazer as exigências da fiscalização apresentando cadernetas de propriedade e vacinação de vacas compradas de outros criadores. Esse fato demonstra que tal instrumento de legalidade continha um valor e representava um micropoder. Por essa razão, a caderneta viabilizava a inserção e a livre circulação dos negociantes de leite, sendo vendida pelos proprietários cujas vacas deixavam de dar leite para os revendedores que procuravam escapar do serviço fiscal. Esgotadas as possibilidades de passar por proprietário de vacas, Manoel Antonio Coelho teria tentado subornar as autoridades fiscais como forma de continuar em seu ramo de trabalho.

O comércio de leite em domicílio era bastante comum na cidade de São Paulo até as primeiras décadas do século XX, e a rigidez da administração pública em legalizar apenas os produtores diretos estimulava a atividade de ambulantes sem o pagamento do Imposto sobre Produtos nem carta de licença.

No período anterior a 1889, as exigências do Código de Posturas para a comercialização do leite determinavam que este fosse tirado e vendido no mesmo dia, proibindo falsificações e exigindo seu transporte em vasilhas de louça ou folha de Flandres, sem restrições às formas de distribuição[168], sendo possível a revenda do produto pelos populares. No início do século XX, a preocupação da administração pública com doenças provenientes de bovinos incidia diretamente sobre os vaqueiros. A única forma de garantir a vacinação integral dos animais era identificar e fiscalizar os proprietários, exigindo que o comércio do leite fosse realizado por eles próprios, o que excluía todos os indivíduos interessados na revenda desse produto, anulando, inclusive, as possibilidades de negócio por consignação.

Voltemos aos mercados municipais. O regulamento desses estabelecimentos determinava a especialização dos espaços e o controle sobre a circulação dos trabalhadores. Impondo-se como gerenciadora de todas as atividades de abastecimento, a

---

168 São Paulo (Cidade). Código de Posturas do Município de São Paulo – 6 de outubro de 1886. Art. 91, parágrafo único, pp. 20-1.

Intendência de Polícia e Higiene pretendia identificar, registrar e cobrar impostos de quem entrava e saía dos entrepostos. Para os vendedores instalados no interior dos mercados, as dificuldades diante das normas da prefeitura tornavam-se ainda maiores devido à presença do administrador. Em um despacho, enviado à Secretaria Geral da Prefeitura em 1909 pelo senhor Francisco Ferreira, administrador do Mercado 25 de Março, encontra-se o registro de apreensão da carroça de um vendedor instalado em compartimento fixo da seção de verduras do mercado, como meio de obrigá-lo ao pagamento do imposto quinzenal:

> Como vereis da parte e da nota inclusas, foi recolhida no depósito municipal, a carroça de n. 2817, de Germano de Souza, para garantir o imposto de uma locação quinzenal no mercado de verduras, e a multa de 10 mil réis, imposta por infração do artigo 44, do Regulamento dos Mercados.
> F. Ferreira[169].

O caso põe em questão um dos meios utilizados pela administração pública para obrigar ao pagamento de multas e impostos no interior dos mercados: a retenção dos meios de trabalho, no caso de carroceiros e ambulantes, ou a proibição de entrada, para os locatários desses estabelecimentos. Para boa parte dos comerciantes de alimentos, os instrumentos mais importantes eram as carroças, carroções e animais de tração; além de viabilizar o transporte de mercadorias, esses veículos muitas vezes eram utilizados também para a venda de alimentos, ficando estacionados ao lado dos prédios dos mercados, comportando os mantimentos que eram vendidos neles próprios.

Além da apreensão de seu veículo, Germano de Souza foi multado em 10$000 por infração do artigo 44 do Regulamento dos Mercados. A utilização desse artigo

---

[169] Nota do administrador do Mercado 25 de Março no processo de petição enviado à Intendência de Polícia e Higiene por Germano de Souza, em junho de 1909. Arquivo Histórico Municipal, Fundo PMSP, Caixa 685.

pelos administradores como instrumento de poder acontecia com frequência. Valendo-se dos amplos poderes que a medida lhes consignava, esses funcionários abusavam de sua autoridade nas diversas circunstâncias em que os inquilinos reclamavam da administração. Qualquer situação de conflito entre inquilinos dos mercados e administradores era motivo para estes invocarem o artigo 44, sendo muito vagas as circunstâncias que justificariam sua aplicação:

> Art. 44 – Os inquilinos ou locatários que faltarem o respeito à administração e que não se portarem com a devida decência, ou perturbarem a ordem, serão punidos na primeira vez com a multa de 10$000 a 30$000.
> Caso continuem a proceder mal, serão intimados a desocuparem o repartimento ou local que tenham alugado, em prazo curto, a juízo dos administradores[170].

O valor máximo que essa multa previa podia representar um terço dos ganhos de um trabalhador urbano ou rural, prejudicando enormemente a sobrevivência de um chefe de família autuado. O caso do chacareiro, produtor e comerciante de gêneros alimentícios Germano de Souza é marcado por práticas sociais de denúncia, reclamação e luta. Como locador da seção de verduras do Mercado 25 de Março, Souza optou pelo pagamento quinzenal do aluguel, estipulado em 8$000 réis. Diante da dificuldade em quitar esse valor, o comerciante achou injusto que os locadores mensalistas pagassem 15$000 enquanto era cobrado um valor maior aos que pagavam por quinzena.

No depoimento do administrador do Mercado 25 de Março, encontram-se fragmentos da história do comerciante: dirigindo-se ao escritório da seção de verduras em 15 de junho de 1909, Germano de Souza comunicou à administração que não pagaria mais aluguel quinzenal, optando pela mensalidade. Contudo, não pagou nenhum valor e foi embora. Ao retornar, teria se exaltado com o funcionário do

---

170 Art. 44, Capítulo IV do Ato n. 2, de 23 de setembro de 1896, *op. cit.*, p. 1.

escritório e se recusado ao pagamento das taxas, em protesto contra os valores que havia pago até então[171].

Para obrigá-lo ao pagamento do aluguel, o escrivão, com quem discutira, proibiu-lhe de entrar no mercado. Sentindo-se no direito de utilizar o espaço do estabelecimento e esperando a diminuição das taxas depois de seu protesto, Germano enfrentou o escrivão e entrou à força[172]. Considerando que a diferença entre o imposto quinzenal (8$000) e mensal (15$000) era de apenas 1$000, possivelmente o manifesto de Germano era uma atitude de desespero por não ter condições de pagar o compartimento onde se instalava.

A indignação de Germano contra a rigidez da administração também estava relacionada à sua condição de comerciante nacional, caracterizada por hábitos e costumes de comércio tradicionais, cujas formas de trabalho debatiam-se desde o final do século XIX contra as tentativas de regulamentação do comércio pelo poder público.

Vejamos outro requerimento em que um comerciante se desentende com a administração do mercado: em 1909, José Chicharchia trabalhava como vendedor ambulante dentro do Mercado 25 de Março havia 17 anos. Desentendendo-se com um dos fiscais internos, foi proibido de retornar ao estabelecimento e, por essa razão, procurou resolver sua situação encaminhando petição à Intendência de Polícia e Higiene.

> O suplicante é incapaz de faltar com o respeito aos dignos fiscais dessa respeitável Prefeitura – estando há tantos anos no Brasil, sendo brasileiro naturalizado e de coração e afetos, só tem o desejo, como prática, de ver as dignas autoridades desta abençoadas.
> [nome não identificado] e os seus dignos agentes devidamente respeitados e estimados. Portanto não pode o suplicante proceder de modo contrário. O suplicante tem sofrido, Ex.mo Sr., amargamente os efeitos dessa proibição, há mais de um

---

171 Nota do administrador do Mercado 25 de Março no processo de petição enviado à Intendência de Polícia e Higiene por Germano de Souza, em junho de 1909. Arquivo Histórico Municipal, Fundo PMSP, Caixa 685.

172 Petição encaminhada à Intendência de Polícia e Higiene, 1909. Arquivo Histórico Municipal, Fundo PMSP, Caixa 685.

mês, efeitos esses para si muito consideráveis, – tanto moral quanto materialmente –, pois, além de estar sofrendo cruelmente os efeitos dessa proibição, relativamente aos seus sentimentos, seus brios –, ainda – tem passado verdadeiras necessidades, sofrendo sua numerosa família e os filhos pequenos, privações, como é fácil imaginar-se, por falta do pão quotidiano que o suplicante honradamente ganhava com o seu negócio de frutas.

Assim, vem o suplicante, muito respeitosamente, pedir que V.ª Ex.ª se digne ordenar que seja revogada a proibição, continuando o suplicante a exercer esse seu pequeno negócio, e ganhando, assim, honradamente, o pão necessário para si e para sua numerosa família, como é de inteira justiça[173].

José Chicharchia – como Salvador dos Santos, já citado – era vendedor ambulante de origem italiana. Como Santos, também fez uso da imagem do "bom trabalhador estrangeiro", posicionando seu discurso do lado da "ordem" e da "lei". Antes de expor suas dificuldades com o sustento da família, Chicharchia declara possuir boas relações com a prefeitura, com os agentes da polícia, com os outros comerciantes e com o público consumidor.

Proibido de comercializar no mercado por motivo de rixa com um dos fiscais, em seu requerimento Chicharchia afirma ter sido agredido sem razão por um desses funcionários. Para ganhar a causa, invoca a figura do "trabalhador ideal", do imigrante que adaptou-se ao Brasil, afirmando-se um brasileiro naturalizado, voltado unicamente para o "trabalho honrado". Como bem coloca Sidney Chalhoub, a transição do regime escravista para o trabalho livre foi marcada pela investida das classes dirigentes no sentido de dar nova roupagem à ideia de trabalho, emitindo valoração positiva a essa atividade[174] e referenciando o imigrante como trabalhador

---

[173] Petição encaminhada à Intendência de Polícia e Higiene por José Chicharchia em março de 1909. Arquivo Histórico Municipal, Fundo PMSP, Caixa 685.

[174] Sidney Chalhoub, *Trabalho, lar e botequim: o cotidiano dos trabalhadores no Rio de Janeiro da Belle Époque*. Campinas: Editora da Unicamp, 2001, p. 64-8.

produtivo e modelo para a nação até as primeiras décadas do século XX. A utilização desse estereótipo por estrangeiros em favor de seus interesses aparece nos casos aqui analisados.

Segundo o depoimento do administrador do Mercado 25 de Março sobre o caso de José Chicharchia, a rixa entre esse comerciante e o fiscal teve início porque o vendedor portava frutas podres, as quais o guarda-fiscal pretendia recolher. Negando-se a entregá-las, Chicharchia agrediu o funcionário a bofetadas, o que resultou em sua expulsão do estabelecimento.

O desfecho desse processo é dos mais curiosos: por ocasião do juízo da Intendência de Polícia e Higiene, não se encontrou nenhum registro nos livros de portaria sobre a expulsão de Chicharchia do mercado[175]. Ou seja: a intimação desse trabalhador e sua expulsão devem ter acontecido informalmente, por conta da autoridade do funcionário e sem o conhecimento da Intendência. Tanto esse caso como a ocorrência envolvendo o comerciante Vitorino Faria Guimarães, multado sem que o fiscal tivesse o talão de recibos, dão indícios de que muitas vezes a fiscalização não ultrapassava o âmbito da relação entre fiscal e comerciante, não chegando, assim, ao conhecimento da Intendência de Polícia e Higiene para registro e averiguações legais. Diante de inúmeras incumbências, os guardas-fiscais contavam com certa autonomia em suas funções, o que incluía abusos de autoridade sobre os quais nem sempre seus superiores eram notificados.

Diante desses casos analisados, é possível observar que o tratamento dispensado ao inquilino da seção de verduras, o brasileiro Germano de Souza, foi autoritário. Primeiro, foi apreendida sua carroça de mercadorias, depois ele foi multado por desobediência ao administrador do Mercado 25 de Março e, por último, foi-lhe indeferido o pedido de restituição de seus bens.

---

175 Petição encaminhada à Intendência de Polícia e Higiene por José Chicharchia em março de 1909. Arquivo Histórico Municipal, Fundo PMSP, Caixa 685.

No caso de José Chicharchia, cujo requerimento buscava autorização para retornar ao comércio do mercado, apesar da constatação de sua agressão contra um funcionário e da acusação do porte de frutas podres, o processo não teve andamento porque não foram encontrados registros da expulsão desse comerciante pela Intendência. Ficou a questão resolvida por desconhecimento das autoridades. No caso de Germano, brasileiro que vendia mantimentos em carroça do lado de fora do Mercado 25 de Março, as medidas que lhe foram impostas pela administração foram levadas até a última instância, impedindo-o de retornar ao mercado pela apreensão de seus instrumentos de trabalho.

Quanto a Chicharchia, estrangeiro instalado em um dos compartimentos fixos do mercado, mesmo tendo desafiado um guarda-fiscal e forçado a entrada no estabelecimento, ele não foi multado conforme o artigo 44 – e, a julgar pelo término do processo, seu caso foi esquecido pelas autoridades.

É possível perceber outras diferenças de tratamento dispensado a grupos de comerciantes de um mesmo mercado. Observemos uma petição encaminhada à Intendência em agosto de 1906: dois trabalhadores, instalados em locações permanentes do Mercado 25 de Março, foram multados pelo guarda-fiscal sob acusação de colocar mercadorias fora dos espaços pelos quais pagavam aluguel. Sentindo-se injustiçados, reclamaram às autoridades contra a liberdade de ocupação com caixas e volumes de que gozavam no interior do mercado os ambulantes e barraqueiros que pagavam apenas aluguéis diários.

> Dizem Francisco Fazanaro e Mauro Conde, estabelecidos no Mercado Central, que tendo sido multados pelo guarda-fiscal em exercício, em nove do corrente, por infração do artigo 44 do regimento dos Mercados [...], deixaram de assinar os autos de multa por terem sido os únicos multados, quando *outros foram obscurecidos sendo que estão sujeitos ao mesmo regulamento* e inclusos na mesma infração; alegou o Sr. fiscal que *os outros incursos são ambulantes e podem dispor do espaço do mercado como lhes aprouver*, e, no entanto, os que pagam

aluguel mensal e sua *licença anual* estão sujeitos aos caprichos do Sr. fiscal; que o primeiro tinha apenas uns caixões vazios fora da banca esperando os carroceiros que os levasse e o segundo um cesto de queijos sobre um banco fora de seu compartimento que se separava para remeter ao freguês.

Os suplicantes são atenciosos e nunca deixam de atender a qualquer intimação do Sr. fiscal, porém essa multa foi injusta como se alega e pedem a V.ª Sr.ª que se digne relevá-los da referida multa. Por ser de justiça, pedem deferimento.

São Paulo, 13 de agosto de 1906.

Rodrigo Azevedo Neves – Presidente da Associação[176].

Nesse caso, a questão dos requerentes é a diferença no tratamento dispensado aos ambulantes, que podiam usar o espaço do mercado como quisessem, enquanto os comerciantes estabelecidos em compartimentos fixos não podiam deixar cestos e caixotes fora do espaço alugado, sob pena de multa. De acordo com o parágrafo 1º, artigo 21, capítulo 3 do Regimento dos Mercados, os administradores tinham sob sua guarda as locações que estivessem disponíveis, ficando sob sua responsabilidade o aluguel de todos os espaços e gozando eles de autoridade absoluta dentro do recinto.

Diante dessa circunstância e da reclamação dos referidos comerciantes, supõe-se que alguns administradores poderiam inserir e retirar negociantes dos espaços de comércio sem o conhecimento de seus superiores, roubando dos cofres públicos os aluguéis pagos por esses vendedores.

O processo de Fazanaro e Conde revela uma situação de conflito entre os *vendedores fixos*, o *administrador do mercado* e os *comerciantes diaristas*. Segundo

---

[176] Reclamação enviada à Intendência de Polícia e Higiene em agosto de 1906. Arquivo Histórico Municipal, Fundo PMSP, Caixa 684 (grifos nossos). Observação: Francisco Fazanaro e Mauro Conde eram membros da Associação Comercial dos Negociantes do Mercado 25 de Março, organização formada majoritariamente por estrangeiros e voltada para a defesa dos interesses de seus membros diante da administração pública e da concorrência.

depoimento do administrador envolvido, não fora a primeira vez que os vendedores eram intimados a retirar os volumes do corredor do mercado; logo, eles insistiam em impor suas necessidades de espaço contra as formas de ordenação impostas no estabelecimento. Como observamos, a multa era um dos instrumentos frequentemente utilizados pelas autoridades para efetivar as normas de organização dos estabelecimentos – multa muitas vezes imposta pela aplicação do artigo 44 do Regulamento dos Mercados, como se vê no depoimento do administrador do Mercado 25 de Março sobre o processo de Fazanaro e Conde:

> A multa foi bem imposta por Bernardo. Esses negociantes por diversas vezes têm sido intimados a retirarem os gêneros que conservam fora do alinhamento. Nisto desobedeceram continuamente às ordens dadas, mandei multá-los conforme o artigo 44 do Regimento.
> São Paulo 21 de outubro de 1906[177].

A idealização do *mercado público* como espaço de ordenação social manifestava-se no Regulamento de 1889, por meio de regras criadas para incidir diretamente sobre as práticas populares em vigência. Uma delas é o artigo 36, que proibia nas praças de mercado ajuntamentos de pessoas que não estivessem comprando ou vendendo, algo que, segundo os legisladores, poderia atrapalhar as transações. Também era proibido a "pessoas estranhas" pernoitar nos mercados, sob pena de multa contra elas e a quem lhes desse asilo[178]. Essa normatização dos espaços era perpassada por interesses das classes dirigentes que, preocupadas com o fim da sociedade escravista, alarmavam-se com ajuntamentos de ex-escravos, mestiços e outros populares,

---

[177] Depoimento do administrador do Mercado 25 de Março sobre o processo de Francisco Fazanaro e Mauro Conde enviado à Intendência de Polícia e Higiene em outubro de 1906. *Loc. cit.*, p. 35.

[178] *Ibidem.*

visualizando na maior parte dos trabalhadores pobres uma ameaça à ordem republicana e à cidade que buscavam modelar.

Diante da presença comum de carregadores de mercadorias nos mercados municipais, o Regulamento de 1889 veio proibir reuniões ou formação de grupos, impondo que os trabalhadores ficassem distribuídos "de modo a atenderem prontamente aos chamados". Além disso, determinava que: "Na matrícula dos carregadores e portadores deveria constar – o nome, idade, Estado, naturalidade, sinais característicos, profissão anterior e residência"[179]. Nessa modalidade de trabalho se inseriam diversos elementos da população pobre e negra – vinha dessa condição a exigência da identificação metódica lançada sobre eles, com a produção de fichas em que constavam até mesmo traços físicos e sinais de reconhecimento.

As tentativas de controle sobre os carregadores e portadores dão indícios de que essas atividades eram amplamente procuradas pelos mais diversos segmentos de trabalhadores sem posses, alguns dos quais sem condições de estabelecer-se como comerciantes. Também era muito comum nesse ramo a presença de crianças, que, enviadas pelos pais, buscavam obter alguma renda para completar a subsistência de suas famílias.

Para muitos trabalhadores, os mercados representavam espaços de sobrevivência que ofereciam possibilidades de conseguir pequenos ganhos, o que os tornava bastante atraentes. Crianças e adultos prestadores de serviços ganhavam espaço entre os carregadores e portadores de volumes, levando as compras de consumidores até suas casas, transportando caixas de mercadorias e oferecendo outros préstimos. Embora legalmente só pudesse executar esses serviços quem estivesse matriculado pela prefeitura, a presença de crianças sem registro era bastante frequente.

Em 1907, os carregadores matriculados no Mercado 25 de Março enviaram à Intendência de Polícia e Higiene uma petição denunciando o trabalho de crianças

---

179 *Loc. cit.*

nessa atividade. Procurando extinguir a presença de carregadores não matriculados, os peticionários desejavam canalizar os serviços de entregas e transportes para os trabalhadores registrados, eliminando, assim, um contingente de indivíduos que representava séria concorrência.

> Exmo. Sr. Dr. Prefeito da Câmara Municipal de São Paulo
> Os carregadores do Mercado Grande reclamam a V.ª Sr.ª contra o *abuso* que se pratica no referido mercado, onde crianças de 10 a 15 anos prestam serviço de carregador, *sem estar autorizados com a devida licença*, estabelecendo assim uma concorrência que é duplamente prejudicial aos carregadores matriculados, se só remunerados na proporção que é justa para chefe de família, que exercem uma profissão humilde e honrada.
> Peço, portanto, a V.ª Ex.ª as providências que são necessárias para que cesse o abuso lamentado[180].

Nota-se que a existência de trabalhadores procurando serviços nos arredores dos mercados chegava ao ponto de mobilizar os carregadores matriculados a solicitar ao prefeito a intervenção do poder público para reprimir esses casos. De acordo com o Regulamento dos Mercados, os carregadores e portadores eram obrigados a usar uniforme: blusa de linho pardo ou azul e boné do mesmo tecido; a tira de couro com o emblema da profissão era uma forma de identificação para os trabalhadores licenciados[181]. Contudo, o intenso movimento de pessoas e volumes em circulação pelos estabelecimentos misturava compradores e carregadores, facilitando a permanência dos trabalhadores não matriculados.

---

180 Petição elaborada pelos carregadores e portadores matriculados no Mercado 25 de Março. Arquivo Histórico Municipal, Fundo PMSP, Caixa 684 (grifos nossos).

181 *Ibidem*, p. 225.

Sobre a reclamação que faz o peticionário tenho a informar o seguinte: É verdade que neste mercado existem meninos que fazem carreto clandestinamente, *apesar do pessoal desta repartição expulsá-los quotidianamente* e inclusive ser-lhes tomadas as cestas, momentos depois estão entrando por outros portões com novas cestas. Nestes casos só há um alvitre a tomar-se, proibindo a entrada dos mesmos, desde que não sejam acompanhados de duas pessoas, porém, para se pôr em execução *é necessário auxílio da polícia, visto que o pessoal desta repartição é diminuto para esse fim.*
Em 1904, quando inaugurou-se a parte nova desse mercado, propus a criação dos guardas para vigiar os portões, prevendo a abundância dos meninos vagabundos que viriam para o mercado.
São Paulo 13 de outubro de 1907 – Leão Sobrinho – Administrador[182].

Na opinião de Leão Sobrinho, administrador do Mercado 25 de Março, as crianças e outros trabalhadores que circulavam próximo ao entreposto na expectativa de realizar serviços eram considerados "vagabundos". Esse grupo era constituído por carregadores, carroceiros e comerciantes ambulantes que circulavam sem o pagamento de licença.

Para muitos comerciantes pobres, os mercados públicos eram considerados territórios de sobrevivência, na medida em que o intenso fluxo de consumidores significava a possibilidade de obter pequenos ganhos com serviços e mercadorias.

Na imagem, fotografada a serviço da companhia canadense The São Paulo Tramway Light and Power Co. Ltda., foram focados os trilhos dos bondes e o emaranhado de fios elétricos que os movia. Porém, estava também retratado, ainda que casualmente, um número considerável de meninos carregando cestas em ambos os lados da rua General Carneiro. À direita, na extremidade da fila de indivíduos, um

---

[182] Depoimento do administrador do Mercado 25 de Março sobre petição denunciando a atividade de carregadores sem licença. Outubro de 1907. *Loc. cit.*, p. 31 (grifos nossos).

senhor de chapéu, terno branco e rodeado por três crianças olha para o fotógrafo enquanto espera para atravessar a rua em direção ao Mercado 25 de Março. A julgar pelo posicionamento do homem em meio às crianças, uma delas portando cesta vazia, acreditamos que se trata de uma família. Seguindo a fila adiante, outro senhor, com trajes mais novos, posiciona-se ao lado de quatro garotos, dois dos quais seguram cestas vazias, enquanto um deles carrega um volume. Atrás desses pedestres, conduzindo uma carroça, aproxima-se um carroceiro negro.

Rua João Alfredo (atual General Carneiro) em direção ao largo do Tesouro, esquina com a rua 25 de Março, 1901. À esquerda, o antigo Mercado dos Caipiras.

Do lado inferior esquerdo da foto, figura um menino carregando uma cesta. Próximo a ele, outro garoto, vestido em tons claros, segura um tipo de embornal ou bolsa e, atrás deste, dois homens vestidos com uniforme de carregadores e exibindo o respectivo emblema em seus chapéus também atentam para o homem com a câmara fotográfica. Todos olham, como se tivessem sido interrompidos no ímpeto de atravessar a rua. Chama a atenção na imagem o grande número de crianças com cestas, sacolas e outros volumes, alguns saindo do mercado, outros dirigindo-se a ele, sendo também visível o intenso movimento de carroceiros, possivelmente envolvidos em atividades comerciais ou no transporte de mercadorias. Quanto às crianças, algumas auxiliavam nas atividades de seus pais, outras trabalhavam como carregadores, vendedores ambulantes, entre outros serviços. Apesar de todas as normas do poder público para impedir ajuntamentos de populares nos mercados, aí estavam crianças, jovens e adultos, na maior parte brasileiros, inseridos em atividades e ofícios por meio dos quais era possível sobreviver.

A insistência de muitos comerciantes em não aceitar o regulamento imposto pela prefeitura era uma das formas de luta contra a normatização do uso do espaço público. Trabalhando como vendedores ambulantes ou como prestadores de serviço pelas ruas da capital, muitos indivíduos podiam prover a subsistência de suas famílias como cocheiros, carregadores ou comerciantes de gêneros alimentícios[183].

Analisando registros dos guardas-fiscais da prefeitura, encontramos várias autuações e casos de comerciantes em situação ilegal: em abril de 1908, a comerciante de leite Joaquina Rosa de Jesus teve sua licença caçada devido à falsificação de seu produto, ao qual, segundo acusações dos guardas-fiscais, era acrescida certa quantidade de água. Como já havia sido multada diversas vezes, resolveu acertar suas contas com o poder público enviando uma petição à Intendência de Polícia e Higiene para conseguir nova licença. Após pagar multa de 25$000, o equivalente, no período, ao salário integral

---

183 Heloísa de Faria Cruz, *Trabalhadores em serviços: dominação e resistência (São Paulo – 1900/1920)*, São Paulo: Marco Zero, 1991, p. 30.

de um imigrante empregado em fazenda de café ou à metade do rendimento de um operário da capital[184], voltou à legalidade – porém, percebeu em seu processo uma informação do serviço fiscal alertando que não poderia mais rebelar-se publicamente, sob o risco de não lhe ser concedida outra licença[185].

Era uma felicidade para o público e para a fiscalização municipal que a suplicante não vendesse mais leite, por causa da fiscalização deste gênero e dos escândalos que ela dá na rua, quando apanhada em flagrante; mas com o pagamento da multa, cessou a causa da cassação da licença, pode ser atendida *com a condição de não mais infligir [sic] o regulamento (o que é difícil) e não dar escândalo quando apanhada em flagrante de infração, sob pena de, na primeira vez, lhe ser definitivamente caçada a licença.*
Sr. Epifânio Pedroso
Pode-se deferir[186].

Driblando a fiscalização e persistindo em não aceitar a cobrança de impostos, alguns comerciantes, como Joaquina Rosa, eram até conhecidos das autoridades fiscais. O repúdio à normatização e ao controle de suas vidas expressava-se em manifestações de rebeldia e insubordinação.

Portanto, entre as facções de trabalhadores constituídas no bojo do abastecimento alimentício, diferenças em impostos e taxas cobrados acabavam sendo estopim de rixas e reclamações entre os trabalhadores e a prefeitura. De modo análogo, emergiam ações de comerciantes voltadas para a questão de aluguéis e pagamentos

---

184 Sobre salários e custo de vida em São Paulo no começo do século XX, ver: *Nosso Século – 1910 a 1930*, *op. cit.*, p. 41.

185 Pedido de licença de Joaquina Rosa de Jesus enviado à Intendência de Polícia e Higiene em abril de 1908. Arquivo Histórico Municipal, Fundo PMSP, Caixa 753 (grifos nossos).

186 Nota do funcionário do Tesouro Municipal, o Sr. Epifânio Pedroso, sobre a petição de licença enviada por Joaquina Rosa de Jesus. Arquivo Histórico Municipal, Fundo PMSP, Caixa 684 (grifos nossos).

nos mercados. Em 1906, Mauro Conde encaminhou um requerimento à Intendência de Polícia e Higiene solicitando o pagamento de uma única licença em vez das duas que era obrigado a quitar por ocupar dois compartimentos. A justificativa apresentada por Mauro era de que não estava obtendo lucro suficiente, pois escasseavam os fregueses, quadro diante do qual julgava-se no direito de cobrar a diminuição dos aluguéis.

> Diz Mauro Conde, inquilino dos compartimentos de números 206 e 208, do Mercado Grande, dos quais o de n. 206 só tomou no dia 1º do mês corrente, *ocorre que as transações não produzem lucro apreciável; sendo até muito diminuto o número de fregueses*; nestas condições e contando com os sentimentos de justiça que Vª Exª tem dado tantas provas, vem o suplicante pedir a Vª Exª que se dignando mandar ouvir o seu administrador, *se digne ainda de lhe permitir o pagamento de uma licença e não de duas como pode acontecer, reduzindo em razoável proporção a taxa mensal.*
> [...] São Paulo – 1906 – Mauro Conde[187].

Segundo despacho do funcionário do Tesouro, Carlos Engler, a respeito da solicitação de Mauro Conde, inúmeros outros locatários utilizavam dois ou mais compartimentos, pagando por isso os respectivos aluguéis. O pedido de Conde foi rejeitado[188].

Nesse mesmo ano, três comerciantes instalados em barracas no Mercado dos Caipiras pleitearam, junto à prefeitura, a diminuição dos Impostos sobre Produtos que pagavam semestralmente. A comerciante Maria Badela, junto com Assade Saliba e Salim Tuf Maluf, sendo os dois últimos de origem estrangeira, organizaram-

---

187 Petição enviada pelo comerciante Mauro Conde à Intendência de Polícia e Higiene em 1906. Arquivo Histórico Municipal, Fundo PMSP, Caixa 684 (grifos nossos).

188 *Ibidem.*

se para solicitar à Intendência a diminuição dos impostos que pagavam. Em vista desse requerimento enviado à prefeitura, reconhece-se que o chamado Mercado dos Caipiras não era um território exclusivamente ocupado por comerciantes nacionais, havendo certo número de estrangeiros – no caso, vendedores de origem sírio-libanesa. Também é importante notar a presença de mulheres gerenciando de forma autônoma suas barracas, associando-se para superar suas dificuldades com o pagamento das taxas de aluguel.

> Dizem Maria Badela, estabelecida no Mercado Velho da rua 25 de Março com uma pequena barraca, n. 19, Assade Saliba com a de n. 13, Salim Tuf Maluf com a de n. 12, que sendo feito o lançamento das respectivas barracas na importância de 297$000600 anuais e outras casas comerciais com o capital superior a mais de cinco contos, são contempladas pela mesma importância e no entanto [os] pobres senhor[e]s que *não fazem dez mil réis por dia* estão sendo sacrificad[o]s em virtude de tão elevado lançamento pois que o seu capital é unicamente de 500$000 e sendo assim [o]s suplicantes vêm perante a Vossa Excelência por meio desta petição pedir-vos a redução dos impostos visto que são tão pobres e lutam com as maiores dificuldades.
> Nestes termos pedem benigno deferimento[189].

Badela, Saliba e Maluf, comerciantes com barracas no Mercado dos Caipiras, pedem diminuição das taxas de aluguel, fato que mostra que naquele estabelecimento também havia cobrança de tributos para a instalação de barracas. Entretanto, neste caso o fato que se destaca é a renda de cerca de 8 a 10 mil réis por dia, o que, mensalmente, oscilaria de 240 a 300 mil réis. Se fosse descontado 50% desse valor menor, referente às taxas de aluguel no mercado e ao Imposto sobre Produtos (aves

---

[189] Petição enviada por três comerciantes do Mercado dos Caipiras à Intendência de Polícia e Higiene em agosto de 1906. Arquivo Histórico Municipal, Fundo PMSP, Caixa 684 (grifos nossos).

e ovos), ainda assim se teria uma renda razoável para a sobrevivência de um casal e dois filhos, já que o custo de vida para uma família pobre, em 1918, era estimado em 207$650 por mês[190].

Nos conflitos entre inquilinos e funcionários dos mercados, o envio de petições ao poder público era um dos poucos recursos de que dispunham os comerciantes para resolver seus problemas com a administração e com outros negociantes. Entre 1906 e 1912, houve várias disputas entre vendedores e funcionários, situações exemplares para se conhecer as dificuldades que os negociantes precisavam enfrentar para se manter nos estabelecimentos.

Observemos o caso do registro de ocorrência de agressão praticada por um guarda-fiscal contra alguns verdureiros do Mercado 25 de Março. Procurando denunciar os abusos dos quais estavam sendo vítimas, os comerciantes envolvidos encaminharam um abaixo-assinado à prefeitura, em novembro de 1910.

> Os abaixo assinados, verdureiros no Mercado da rua 25 de Março, tem justo motivo para *reclamar a intervenção de Vª exª para os desatinos que pratica um fiscal noturno* dessa prefeitura, em exercício no local onde estacionam com sua mercadoria os abaixo assinados.
>
> *É tão cruel esse funcionário que às vezes, chega a ponto de querer chibatar os verdureiros* como se esses fossem aqueles pobres marinheiros que ainda há pouco se revoltaram a bordo dos encouraçados brasileiros em conquista de sua liberdade pessoal e humanista.
>
> O caso se expõe assim: julgando-se os verdureiros honestos e laboriosos, trazendo ganhos e rendas fabulosas para a prefeitura, acham que devem ter uma certa habilidade de manejo na distribuição, compra e venda de sua mercadoria.

---

190 Petição enviada por três comerciantes do Mercado dos Caipiras à Intendência de Polícia e Higiene em agosto de 1906. Arquivo Histórico Municipal, Fundo PMSP, Caixa 684, p. 6.

Porém, assim não quer o fiscal noturno da Prefeitura: embaraça a liberdade do comércio perseguindo uns, chibatando outros e dando queixa dos mesmos verdureiros quando estes não querem sujeitar-se aos seus comandos.

Tal funcionário embriaga-se logo na primeira venda que encontra perto do mercado e sai dali e começa o mau trato: grita com este, maltrata aquele e ameaça até de morte aquele outro, que, no auge do desespero, se revolta em justa causa de defesa.

Ex.mo Sr. Prefeito

Torna-se urgente uma sindicância no local do mercado de verdura. *Esse funcionário que tão mal exerce seu cargo merece ser suspenso até segunda ordem, isto é, até ser patente a nossa acusação.* Esta se baseia em pura verdade e escuda-se em alicerces de granito. Provas existem em profusão.

Antes que o mal cresça deve-se prevenir, evitar um delito, poupar a liberdade de alguns homens que, reagindo a um insulto, defendendo a sua pele e honestidade, comete uma falha e vai parar no cárcere. Faça-se justiça. São Paulo, 20 de novembro de 1910.

Segue-se 56 assinaturas (boa parte composta por italianos)[191].

De acordo com a petição, os verdureiros instalados no Mercado 25 de Março tiveram sérios problemas com um dos guardas-fiscais, sendo perseguidos, maltratados e até agredidos fisicamente com chibatadas. Na tentativa de acabar com o que julgavam ser um abuso, 56 comerciantes mobilizaram-se para denunciar oficialmente o fiscal que os perturbava. Ao reclamar providências, acreditavam na própria importância para o abastecimento alimentício, valorizando seus conhecimentos e habilidades na obtenção e venda das mercadorias e lembrando às autoridades sobre o pagamento de impostos e taxas que cumpriam. O principal argumento contra o fiscal era de que este comumente se embriagava antes de entrar no trabalho, motivo pelo qual, julgavam os

---

191 Petição enviada por verdureiros do Mercado 25 de Março à Intendência de Polícia e Higiene em novembro de 1910. Arquivo Histórico Municipal, Fundo PMSP, Caixa 751 (grifos nossos).

reclamantes, ele se indispunha com os negociantes, chegando a maltratá-los de diversas formas. Pedem a suspensão do funcionário e aguardam sua demissão.

Em sua acusação, os reclamantes lembraram ao poder público o episódio da Revolta da Chibata, que ocorria naquele mesmo novembro de 1910, no Rio de Janeiro, quando os marinheiros João Cândido e Francisco Dias Martins, tripulantes do encouraçado Minas Gerais, amotinaram-se exigindo a abolição dos castigos corporais, diminuição das horas de trabalho e aumento de vencimentos, mobilizando boa parte dos marinheiros, a maioria de cor negra, a lutar por melhores condições de trabalho. Fato presente na consciência desses trabalhadores pobres, foi invocado como demonstração da força popular nos casos de contínuas agressões, na intenção de exigir providências das autoridades. Para evitar revanches, os comerciantes preferiram apelar ao poder público para que os defendesse, evitando novos maus tratos.

Em seu despacho, o administrador do Mercado 25 de Março desprezou as denúncias contra o guarda-fiscal, alegando que sua única falha era trabalhar embriagado.

> Os fatos originários dessas reclamações passaram-se assim:
> *Vê-se, pois, que a falta do embriagado foi haver bebido em ocasião de serviço. Quanto às más notícias dadas pelos verdureiros à esta junta, nenhum valor merecem, pois foram elas fornecidas pela atividade policial que, por sua vez, informou-se dos agressores do empregado.*
> 12 de dezembro de 1910. F. Ferreira – Administrador[192].

Desqualificando as denúncias apresentadas pelos verdureiros, o administrador questionou as fontes de informação sobre as agressões apresentadas, reiterando como verdade apenas a violência sofrida pelo guarda-fiscal.

Nessa versão, cria-se um "culpado" para a emergência das denúncias: um ambulante. Esse personagem, cujas atividades de venda não eram bem-vistas pela

---

192 *Loc. cit.*

administração nem pelos comerciantes instalados no mercado, é apontado como o agressor do guarda-fiscal e assaltante dos verdureiros, sendo também acusado de originar as "falsas" denúncias apresentadas por estes últimos.

O desfecho desse caso resultou na transferência do guarda-fiscal para o Cemitério do Braz. Essa medida demonstrou que a Secretaria Geral da Administração rejeitou em parte a versão construída pelo administrador. Constata-se, pois, a eficácia do protesto dos comerciantes peticionários quanto ao afastamento do funcionário acusado.

Os comerciantes da seção de verduras tiveram sucesso em sua denúncia, alcançado mediante argumentos sólidos e união para enfrentar problemas com os funcionários. Relacionando esse episódio com algumas ocorrências verificadas anteriormente, observa-se que a organização de negociantes com interesses comuns que enviavam abaixo-assinados e petições ao poder público era mais frequente entre trabalhadores de origem estrangeira, muitos dos quais ocupantes de compartimentos fixos dos mercados.

Em relação aos trabalhadores nacionais, boa parte das petições que enviavam era destinada a resolver assuntos de forma individual, sem organizações ou ajuntamentos, e voltada a enfrentar concorrentes ou mesmo a administração. Diante dessa "aparente" imobilidade, é oportuno olhar para outras formas de protesto e ação política, o que remete à insistência dos vendedores do Mercado dos Caipiras em continuar ocupando esse estabelecimento quando, entre 1906 e 1908, foram feitas várias investidas da administração e dos comerciantes do Mercado 25 de Março para extinguir o Mercado Velho. Nesse enfrentamento, os comerciantes do Mercado dos Caipiras fizeram com que continuasse sendo cobrado o imposto exclusivo sobre aves e ovos naquele estabelecimento, garantindo sua presença no abastecimento de gêneros e fazendo importante concorrência com outros negociantes, numa fase de aumento explosivo da carestia de vida, com o estouro da Primeira Guerra Mundial em 1914.

Durante aquele período, a rigidez da administração dos mercados e do serviço de fiscalização chegava a gerar verdadeiros escândalos. A repercussão de desentendimentos entre comerciantes e funcionários da prefeitura algumas vezes alcançava a imprensa, quando os queixantes enviavam cartas às seções de reclamação com o objetivo de resolver questões particulares não atendidas pelas autoridades. Procurando denunciar o que considerava abuso de um funcionário do Mercado 25 de Março, Paulo Voci enviou uma carta ao jornal O *Estado de S. Paulo*, em março de 1906.

> O Dr. Pereira Rocha e o Dr. João Gaby
> Para que o público possa bem avaliar a quanto estão sujeitos os negociantes do Mercado Grande, venho relatar o seguinte:
> Há três meses pouco mais ou menos, o Sr. João Gaby encomendou-me que mandasse à casa do Dr. Pereira Rocha uma certa quantia de frutas na importância de 30$000 réis, por conta e ordem deste senhor e eu mandei por um carregador. Posteriormente o mesmo Sr. Gaby mandou que eu fizesse uma remessa de frutas para Sorocaba, consignadas ao mesmo Sr.; que as frutas havia pedido. Mandei-as. Pois bem; agora, não obstante todos os esforços que tenho empregado, não posso receber a importância das frutas, uma insignificância de 58$000 réis, porque o Dr. Rocha nega-se ao pagamento dizendo que a ele é obrigado o Sr. Gaby, que fez as encomendas, e o Sr. Gaby diz que não paga, porque, quem comeu as frutas, o Dr. Rocha, é quem as deve pagar.
> Para quem apelar Sr. Prefeito, uma vez que o Sr. Gaby é quase um ditador naquele mercado e o Sr. Rocha, segundo me disse seu genro, é um homem rico e poderoso?
> São Paulo, 28 de Março de 1906.
> Paulo Voci[193].

Na carta, ele denunciava a falta de pagamento de mercadorias que lhe foram compradas por intermédio de um funcionário do Mercado 25 de Março: João Gaby

---

[193] Carta do Sr. Paulo Voci, comerciante de verduras no Mercado 25 de Março, publicada na seção de queixas do jornal *Estado de S. Paulo*, em 28 de março de 1906. Carta transformada em processo, localizado no Arquivo Histórico Municipal, Fundo PMSP, Caixa 751.

pediu ao comerciante que enviasse alguns produtos à casa de um consumidor, um homem de posses, e não se responsabilizou pelo pagamento. Ao cobrar o funcionário, Voci foi orientado a procurar o consumidor das frutas, doutor Pereira Rocha. Ao fazê-lo, foi aconselhado a tratar novamente com o funcionário, e nenhum dos dois quitou a dívida. Esse caso demonstra com clareza o quão abusiva chegava a ser a relação entre os inquilinos dos mercados públicos e os funcionários.

João Gaby pretendia que o negociante cedesse gratuitamente as frutas, após cansar-se das cobranças. Entretanto, o caso ganhou repercussão devido à ousadia do comerciante, que denunciou os fatos em sua carta publicada no jornal.

A gravidade do texto estava na declaração pública de que o ajudante do mercado, João Gaby, trabalhava no estabelecimento como um ditador, abusando dos direitos dos negociantes. O caso estendeu-se e ganhou maior repercussão no momento em que o artigo chegou às mãos do funcionário denunciado, que procurou Paulo Voci, ameaçando-o de agressão física. Outra vez o caso foi parar na imprensa.

> Dr. Pereira Rocha e João Gaby
> A respeito de uma publicação feita por mim, ontem, com o título acima, tenho a declarar que *hoje fui procurado pelo Sr. João Gaby que, esfregando-me o jornal no rosto com abuso do cargo que ocupa, ameaçou-me de me quebrar a cara a pau, se eu não fizesse declaração dizendo ser mentira a minha dita publicação,* a qual sustento como verdadeira, chamando a atenção do Sr. Prefeito para tais fatos praticados pelo Sr. João Gaby.
> O abaixo assinado pode provar tais fatos documental e testemunhalmente se o Dr. Prefeito assim entender.
> São Paulo, 30 de março de 1906.
> Paulo Voci[194].

---

194 Carta do Sr. Paulo Voci, comerciante de verduras no Mercado 25 de Março, publicada na seção de queixas do jornal *O Estado de S. Paulo* em 30 de março de 1906. Carta transformada em processo, localizado no Arquivo Histórico Municipal, Fundo PMSP, Caixa 751 (grifos nossos).

Indignado com as denúncias contidas nos periódicos, João Gaby exigiu que Paulo Voci declarasse ser mentira o conteúdo das queixas que fizera na imprensa, exaltando-se a ponto de esfregar-lhe o jornal no rosto. Esse episódio expressa atitudes de desrespeito do funcionário do mercado com o inquilino, o que deveria ser frequente na rotina desses trabalhadores.

Resistindo às ameaças, a reação do comerciante Paulo Voci foi procurar a imprensa para reforçar as denúncias contra as ações do funcionário João Gaby. Nesse contexto, o jornal impresso ganha sentido como potencial instrumento de luta e de defesa do negociante, na medida em que abria um pequeno canal de ligação entre as reclamações dos trabalhadores pobres e a opinião pública.

A respeito desse processo, é importante notar a participação e a colaboração de outros inquilinos do mercado, igualmente incomodados com as formas de tratamento do funcionário João Gaby. Em depoimento ao poder público, solidarizaram-se a Paulo Voci, testemunhando a agressão sofrida pelo comerciante.

> Compareceram, hoje, 9 de abril a esta repartição os Srs. Domingos Pichardi, inquilino do compartimento n. 86 do Mercado da rua 25 de Março; o Sr. Domingos Vicente, inquilino do compartimento n. 92 e João Teixeira, do compartimento n. 161, ao quais *declararam que dos seus respectivos compartimentos avistavam o Sr. João Gaby esfregar um jornal no rosto do Sr. Paulo Voci*, não tendo entretanto ouvido as palavras então proferidas, visto se acharem a certa distância.
> Em tempo, compareçem também *o Sr. Rodrigo Neves, inquilino do compartimento n. 90, e declarou não somente ter visto o fato acima verificado, como também ouviu do Sr. João Gaby palavras de ameaça*, conforme consta da segunda publicação.
> Rodrigo Neves – a rogo dos Srs Domingos Vicente, João Ferreira, Domingos Pixardi (analfabetos)[195].

---

195 Registro da declaração de testemunhas em favor de Paulo Voci no processo em que este denuncia o administrador do Mercado 25 de Março, o Sr. João Gaby. Declarações feitas em 9 de abril de 1906. *Loc. cit.* (grifos nossos).

O desfecho do caso envolveu os depoimentos de João Gaby e Paulo Voci, cada qual reiterando suas versões à prefeitura. Contrapondo-se aos fatos relatados pelo administrador do mercado e por seu subordinado, João Gaby, a versão construída nos depoimentos dos comerciantes que testemunharam os abusos do funcionário corrobora as declarações de Paulo Voci. Diante da verossimilhança dos excessos cometidos por Gaby, a prefeitura optou por arquivar o processo, sem que nenhuma atitude tenha sido tomada para evitar novos desentendimentos.

Assim, entre o final do século XIX e as primeiras décadas do século XX, o cotidiano dos comerciantes, ambulantes e barraqueiros de São Paulo foi caracterizado pelo pulsar entre as normas que o poder público procurava aplicar aos espaços de abastecimento e as formas tradicionais do comércio popular de alimentos, gerando territórios de venda com regras diferenciadas. Nesse período, boa parte das tensões entre os membros da administração e os comerciantes relaciona-se às diferenças de impostos e taxas nos espaços dos mercados, atestando a dificuldade do poder público em homogeneizar a regulamentação dos estabelecimentos. Além disso, destaca-se nas ocorrências o autoritarismo empregado na efetivação das leis de comércio, o que esclarece a forma como a administração pretendia "organizar" a venda de alimentos. Outro fato saliente na documentação é o choque entre as práticas populares de comércio e as normas da prefeitura, atingindo, especialmente, o modo de vida de ambulantes, carroceiros e vendedores eventuais. De fato, as tensões anteriores à Primeira Guerra são pontuadas pelos esforços da prefeitura em redefinir os espaços da cidade e disciplinarizar os trabalhadores envolvidos com o abastecimento alimentício.

TRABALHADORES POR CONTA PRÓPRIA: DA INVISIBILIDADE AO EMPREENDEDORISMO

Procurando identificar os espaços e indivíduos ligados ao abastecimento de alimentos na cidade de São Paulo, buscamos na historiografia tradicional e nos escritos de cronistas, memorialistas e viajantes descrições sobre o "caipira", tentando conhecer as atividades por meio das quais os trabalhadores assim chamados ganhavam visibilidade na cidade em transformação. Procuramos também localizar e caracterizar os lugares e os sujeitos envolvidos com o comércio popular: o preto lenhador, o Salvador peixeiro, as pretas da Nação Mina, as quitandeiras da rua das Casinhas, entre outros trabalhadores que supriam a cidade de alimentos, vendendo suas mercadorias em ruas, praças, mercados e feiras.

Muitos deles circundavam os mercados, trabalhando como carroceiros; alguns engrossavam o número de vendedores nas feiras livres, outros carregavam e descarregavam as mercadorias que entravam e saíam dos mercados ou corriam pelas vias férreas despachando e retirando cargas. Muitos produziam e criavam em chácaras e quintais, espremiam-se em compartimentos e barracas, estabeleciam-se em mesas descobertas dos mercados, carregavam tabuleiros pelas ruas, vendiam agachados em esquinas e sarjetas, expunham produtos em caixotes e cestos, vendendo como era possível. Pelos esforços do comércio popular, distribuído pelas feiras, ruas e mercados, improvisava-se o sustento das famílias.

Nesse tipo de trabalho, diferenciar quem era ou não um legítimo caipira acabou não fazendo muito sentido, pois muitos elementos dessa cultura estavam presentes nas formas de sobrevivência de outros trabalhadores pobres, na mobilidade do comércio ambulante, na tradição do envolvimento de populares com o comércio de alimentos e na vida simples que levavam, conseguindo sobreviver com escassos recursos materiais, levantando casas provisórias, alimentando-se dos animais que caçavam e pescavam e dos gêneros que conseguiam produzir.

Torna-se mais importante perceber e considerar como algumas análises incorporaram e reforçaram o desprestígio social que contemporâneos associaram às práticas de pequenos produtores e comerciantes de alimentos e animais – os primeiros, denominados "caipiras", e os segundos, "quitandeiros" –, considerando-os como permanências do passado à margem das transformações estruturais pelas quais passava a capital de São Paulo. É preciso estar atento ao fato de que essas imagens sobre o caipira, seus trabalhos e modos de vida foram forjadas em uma conjuntura de ascensão e construção da hegemonia dos senhores do café, de grandes capitais e trabalhadores envolvidos nas transações da cafeicultura. Ocupações como cultivo e venda de legumes, verduras, arroz, feijão, criação de animais vivos e derivados eram vistas como tarefas menores e relegadas às populações pobres.

Para a maioria dos contemporâneos das feiras e dos mercados públicos, o termo "caipira" era usado para designar os comerciantes e produtores oriundos das áreas de lavoura próximas à capital, constantemente vistos com cargueiros, alimentos e utensílios para a venda no comércio de São Paulo. É muito provável que certa parcela desses trabalhadores mantivesse modos de viver e trabalhar que guardavam uma identidade étnica e cultural que se convencionou qualificar como um "modo de vida caipira", praticando agricultura de subsistência associada ao comércio de excedentes, com predisposição para deslocamentos contínuos e vida simples. Entretanto, esses trabalhadores pobres envolviam-se também com o comércio de gêneros alimentícios, fazendo transações com fins propriamente lucrativos, realizando outros trabalhos, como carregadores de volumes nos mercados e feiras, como carroceiros, lenheiros, ervanários etc.

À imagem do caipira descalço, desconfiado e deslocado na cidade é necessário contrapor as numerosas evidências da participação ativa dessas populações no mercado de trabalho e nos modos de viver na cidade de São Paulo. É preciso também lembrar que esses produtores e comerciantes estavam inseridos na economia de mercado, pagavam taxas e impostos sobre produtos e espaços de trabalho, utilizavam moeda em suas transações comerciais, bem como submetiam-se ou insurgiam-se contra normas e regulamentos que incidiam sobre suas atividades.

A localização de sítios, chácaras e espaços não urbanizados em São Paulo mostra o grande número de lavouras em atividade até meados da década de 1920. A partir dos mapas, relatos de memorialistas e fotografias, verifica-se que havia certo equilíbrio nas relações entre a capital e as áreas produtoras das quais dependia a cidade para o suprimento de gêneros, sendo ainda bastante indefinida a distinção entre áreas urbanizadas e espaços rurais.

Ao reconhecer a estrutura física dos mercados e os tipos de produtos comercializados, notam-se as diferenças entre os espaços que compunham cada um deles, como quartos, compartimentos, barracas, pilastras, pátios e lugares de especialidades, observando-se como a localização de cada comerciante no interior dos mercados marcava as relações entre eles e deles com a administração municipal.

Os documentos da administração, disponíveis apenas para os mercados 25 de Março, dos Caipiras e de São João – tais como pedidos de licença, abaixo-assinados, autuações da fiscalização, reclamações enviadas à prefeitura –, são fundamentais para se conhecer parte das demandas e tensões presentes no cotidiano dos trabalhadores neles instalados e a formação de grupos, relações e territórios nos mercados. Percebe-se que, no interior dos mercados, a associação de trabalhadores com interesses comuns era um dos fatores mais importantes na formação de grupos e territórios de trabalho, misturando fatores socioculturais e interesses comerciais, o que caracteriza a distinção feita entre os comerciantes do Mercado 25 de Março e os do Mercado dos Caipiras.

A ausência de documentos administrativos sobre as feiras livres associa-se ao caráter transitório desse comércio, com inscrições diárias de vendedores, o que dificultava a organização dos trabalhadores e explica, em parte, o pequeno número de notificações sobre as feiras. Associado às crises de carestia das primeiras décadas do século XX, o nascimento das feiras está inserido em um contexto de frequentes manifestações populares, discussão sobre salários e custo de vida e apreensão de autoridades municipais, donos de fábricas e demais empregadores em conter as reivindicações dos trabalhadores. As feiras foram um dos instrumentos criados pela administração municipal para amenizar as revoltas populares, sendo também pensadas como uma forma de controlar o uso dos espaços públicos ao definir lugares e horários para as atividades dos trabalhadores ambulantes.

Os trabalhadores ligados ao abastecimento alimentício, assentados em valores, costumes e formas de trabalho particulares, enfrentavam cotidianamente as normatizações colocadas pela prefeitura. Imprimindo sinais de sua presença e de suas atividades, deram nome aos mercados caipiras na várzea do Carmo, no Belenzinho e em Pinheiros; fixaram-se também na memória daqueles que conheceram a rua das Casinhas, o beco das Minas, o movimento dos vendedores de lenha e o cheiro dos quitutes vendidos pelas negras de tabuleiro e das propriedades de ervas e raízes. Nesse sentido, é importante investigar as intenções e os projetos formulados pelo poder público para funcionamento de mercados e feiras livres, aos quais se contrapunham a apropriação e os usos dos espaços de venda construídos pelos comerciantes e demais trabalhadores pobres, que lhes atribuíam outros significados.

É claro que os resultados apresentados neste livro não dão conta das múltiplas possibilidades e questões que a documentação sugere nem esgotam a riqueza da história desses homens, mulheres e crianças envolvidos com a produção, o transporte e a comercialização de alimentos nas ruas, mercados e feiras na cidade de São Paulo. Grande parte da documentação da administração municipal referente aos mercados e, provavelmente, às feiras livres ainda não está organizada e poderia ampliar o entendimento sobre as relações entre abastecimento e cidade, especialmente no que diz respeito à transformação na distribuição dessas atividades no espaço urbano.

Outra questão importante para a história do abastecimento público é a compreensão das formas como a população paulistana se apropriou dos espaços destinados ao comércio de alimentos – mercados e feiras livres –, que usos fez desses espaços, que práticas sociais foram criadas e como a definição de espaços para o comércio de alimentos introduziu transformações nos modos de consumir da população paulistana.

No rastro dos trabalhadores ligados às frutas, carnes e hortaliças, encontramos também afeto e identidade. Nossa mestiçagem se revela, entre outras formas, no apreço pelos sabores da terra e nas receitas que atravessam gerações. Quanta metafísica há no doce de leite, poderia dizer Álvaro de Campos. Na luta pela sobrevivência, gerações de brasileiros encontram bem-estar nas especialidades que lhes chegam, por vezes como último desejo, e nos pratos que elaboram com gosto. Continuamente desatado, o feixe de ingredientes da brasilidade conserva-se nos mercados e nas feiras desse imenso território, onde são expostos os comestíveis mais familiares ao lado de gêneros recentes, incorporados às gentes que os trouxeram. Se a concorrência é a serventia da casa e o acolhimento deve ser alcançado, os prazeres da mesa são o melhor salvo-conduto. Simples é amar o Brasil pela comida.

Movimento de comerciantes e consumidores em feira livre no Largo do Arouche no início da década de 1940. Entre as barracas de lona, trabalham e circulam feirantes com tabuleiros, cestos e caixotes para a exposição de gêneros, sendo essas formas de comércio improvisadas que, até os dias de hoje, conformam praças e ruas como espaços de sobrevivência popular.

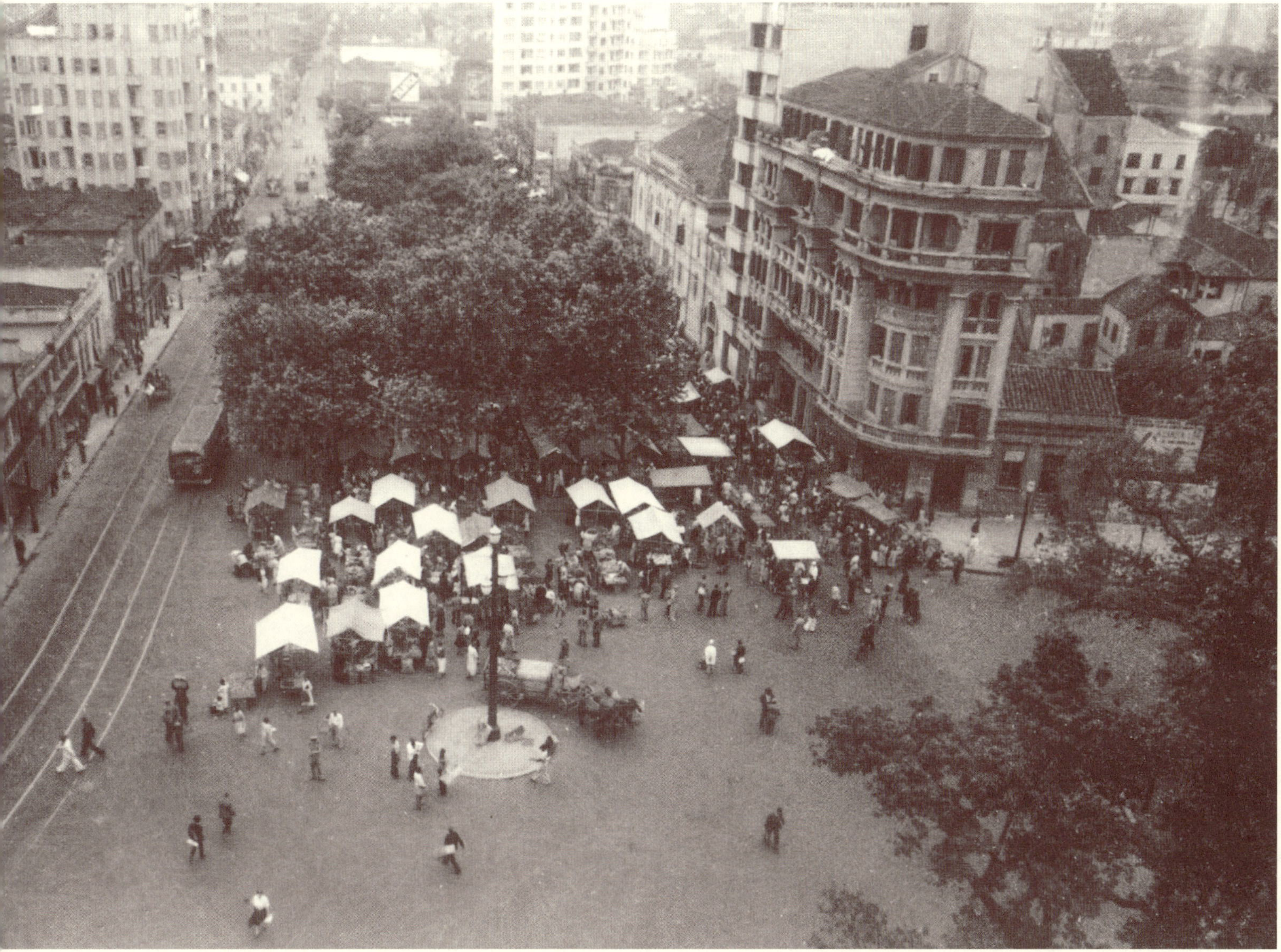

• AGRADECIMENTOS •

Este livro originou-se a partir de dissertação de mestrado sobre mercados e feiras livres defendida na Universidade Estadual Paulista em 2004, sob orientação da professora Laura Antunes Maciel, a quem agradeço profundamente.

Agradeço ainda a meus pais, amigos e familiares, reconhecendo todo o suporte e toda a segurança a mim oferecidos.

Esta obra recebeu estímulo intelectual e apoio de numerosas pessoas, às quais agradeço e, em especial, aos professores Heloísa de Faria Cruz, Zélia Lopes da Silva e Jaime Rodrigues, pelas contribuições fundamentais no resultado deste estudo; a José Roberto Jesus da Silva, pesquisador que muito contribuiu para a atualização deste trabalho; a Fátima Borgo e à sua família, pelo acolhimento; às amigas Lorena Pugliese e Mônica Rodrigues, pela ajuda durante a pesquisa; e a Rodrigo Abreu, pelo esteio nos dias de hoje.

Destaco ainda minha gratidão ao Sesc São Paulo e à equipe das Edições Sesc, por minha incursão na área editorial e pelas oportunidades de desenvolvimento na instituição.

Por fim, agradeço ao Conselho Nacional de Desenvolvimento Científico e Tecnológico (CNPq), do qual obtive apoio financeiro para desenvolver esta pesquisa.

Que sejam garantidos recursos suficientes para as instituições de ensino, cultura e pesquisa no Brasil.

• FONTES CONSULTADAS •

ACERVO DO ARQUIVO HISTÓRICO MUNICIPAL

(Documentos administrativos manuscritos; fundo da Prefeitura do Município de São Paulo; grupo: Secretaria Geral [S. G.])

Série: Administração; subsérie: Mercados, Matadouros, Cemitérios (1906-1912); Caixas 684, 685 e 686.

Série: Fiscalização (1906); Caixa 751.

Série: Fiscalização; subsérie: Vistoria (1906-1907); Caixa 762.

Série: Intimação e Multa; Caixas 752, 753 e 754.

ACERVOS FOTOGRÁFICOS

Fundação Patrimônio Histórico da Energia de São Paulo

Seção de negativos da Divisão de Iconografia e Museus do Departamento do Patrimônio Histórico

ANUÁRIOS, BOLETINS E OUTRAS PUBLICAÇÕES PERIÓDICAS

Repartição de Estatística e do Archivo de São Paulo. *Anuário Estatístico de São Paulo*. São Paulo: Typographia do Diário Official, (1901-1920).

Departamento Estadual do Trabalho. Seção de Informações. *Mercado de Trabalho* (Boletim trimestral). São Paulo, 1919-1924.

Chácaras e Quintaes. São Paulo, 1909-1918.

Revista do Arquivo Municipal. São Paulo, Departamento de Cultura, 1935-1940 (volumes 10, 13, 14, 17, 18 e 111).

• REFERÊNCIAS BIBLIOGRÁFICAS •

ALMEIDA JUNIOR, João Mendes de. *Monografia do município da cidade de São Paulo*. São Paulo: Seckler, 1882.

AMARAL, Amadeu. *Memorial de um passageiro de bonde*. São Paulo: Hucitec/SCCT, 1976.

_____. *O dialeto caipira*. São Paulo: Hucitec/INL, 1982.

AMARAL, Antonio Barreto do. *Dicionário da história de São Paulo*. São Paulo: Governo do Estado de São Paulo, 1980.

_____. *O bairro de Pinheiros*. São Paulo: PMSP/SMC – Departamento de Cultura, 1980.

AMARAL, Leônidas. *A capital na constituição do Estado de São Paulo*. São Paulo: s.n., 1929.

AMERICANO, Jorge. *São Paulo naquele tempo: 1895-1915*. São Paulo: Saraiva, 1957.

_____. *São Paulo nesse tempo: 1915-1935*. São Paulo: Melhoramentos, 1962.

ANTONACCI, Maria Antonieta; MACIEL, Laura Antunes. "Espanhóis em São Paulo: modos de vida e experiências de associação". *Projeto História*, São Paulo, v. 12, 1995.

AZEVEDO, Aroldo Edgard de. *A cidade de São Paulo: estudos de geografia urbana*, v. 4. São Paulo: Companhia Editora Nacional, 1958.

BARBOZA, Sinésio da Cunha. *O loteamento de São Paulo*. São Paulo: s.n., 1928.

BARREIRO, J. C. "Edward P. Thompson e a historiografia brasileira – Revisões críticas e projeções". *Projeto História*, São Paulo, v. 12, 1995.

BARRO, Máximo. *Nossa Senhora do Ó*. São Paulo: DPH/PMSP, 1977.

BARROS, Maria Paes de. *No tempo de dantes*. São Paulo: Paz e Terra, 1998.

BASTOS, Sênia. *Na pauliceia por conta própria – 1870-1886*. Dissertação (Mestrado em história) – Pontifícia Universidade Católica de São Paulo. São Paulo: 1996.

BERALDI, Maria Helena P. *Santo Amaro*. São Paulo: DPH/PMSP, 1981.

BLOUNT III, John Allen. "A administração da saúde pública no Estado de São Paulo: o Serviço Sanitário, 1892-1918". *Revista de Administração de Empresas*, Rio de Janeiro, v. 12, n. 4, dez. 1972.

BONTEMPI, Sylvio. *O bairro da Penha: Penha de França – sesmaria de Nossa Senhora*. São Paulo: DPH/PMSP, 1981.

BOSI, Ecléa. *Memória e Sociedade: lembrança de velhos*. São Paulo: T. A. Queiroz, 1983.

BRANDÃO, Carlos Rodrigues. *Os caipiras de São Paulo*. São Paulo: Brasiliense, 1983.

BRUNO, Ernani Silva. *História e tradições da cidade de São Paulo*. Rio de Janeiro: José Olympio, 1954.

_____. *Memória da cidade de São Paulo. Depoimentos de moradores e visitantes: 1553-1958*. São Paulo: DPH/PMSP, 1981.

BUENO, Francisco de Assis Vieira. *A cidade de São Paulo: recordações evocadas da memória, notícias históricas*. São Paulo: Academia Paulista de Letras, 1976.

CANABRAVA, Alice. "As chácaras paulistanas". In: *Anais da Associação dos Geógrafos Brasileiros*, v. IV, t. I, 1949--50. São Paulo, 1953.

CANDIDO, Antonio. *Os parceiros do Rio Bonito*. São Paulo: Duas Cidades, 1982.

CHALHOUB, Sidney. *Trabalho, lar e botequim: o cotidiano dos trabalhadores no Rio de Janeiro da Belle Époque*. Campinas: Editoria da Unicamp, 2001.

CHALHOUB, Sidney; PEREIRA, Leonardo Afonso de M. (orgs.). *A história contada: capítulos de história social da literatura no Brasil*. Rio de Janeiro: Nova Fronteira, 1998.

CRUZ, Heloísa de Faria. *Trabalhadores em serviços: dominação e resistência (São Paulo – 1900/1920)*. São Paulo: Marco Zero, 1991.

DECCA, Maria Auxiliadora Guzzo. *A vida fora das fábricas: cotidiano operário em São Paulo – 1920/1934*. Rio de Janeiro: Paz e Terra, 1987.

DIAS, Maria Odila Leite da Silva. *Quotidiano e poder em São Paulo no século XIX*. 2. ed. São Paulo: Brasiliense, 1995.

DUARTE, Geni Rosa. *Múltiplas vozes no ar: o rádio em São Paulo no século XIX*. Tese (Doutorado em história) – Pontifícia Universidade Católica de São Paulo. São Paulo: 2000.

ELETROPAULO. *A cidade da Light: 1899/1930*. São Paulo: Eletropaulo/DPH, 1990, 2 vols.

ELLIS JÚNIOR, Alfredo. *Populações paulistas*. São Paulo: Companhia Editora Nacional, 1934.

EMPLASA. *Memória urbana: a Grande São Paulo até 1940*. v. 3. São Paulo: Arquivo do Estado/Imprensa Oficial, 2001.

FAUSTO, Boris. *Trabalho urbano e conflito social – 1890/1920*. Rio de Janeiro: Difel, 1977.

_____. *Crime e cotidiano: a criminalidade em São Paulo – 1880/1924*. São Paulo: Brasiliense, 1984.

FERREIRA, Barros. *O nobre e antigo bairro da Sé*. São Paulo: DPH/PMSP, 1971.

FILHO, José Simão. "Pinheiros há meio século". *Jornal da Tarde*, São Paulo, 29 de agosto de 1981.

FLOREAL, Silvio. *Ronda da meia-noite*. São Paulo: Boitempo, 2002.

FOLHA DA MANHÃ, São Paulo, 25 de janeiro de 1933.

FRANCO, Maria Sylvia de Carvalho. *Homens livres na ordem escravocrata*. São Paulo: Unesp, 1997.

FREITAS, Affonso Antonio de. *Dicionário histórico, topográfico, etnográfico ilustrado do Município de São Paulo*. São Paulo: Gráfica Paulista, 1929.

_____. *Tradições e reminiscências paulistanas*. São Paulo: Editora da Revista do Brasil/Monteiro Lobato & Cia., 1921.

GERODETTI, João Emílio; CORNEJO, Carlos. *Lembranças de São Paulo: a capital paulista nos cartões-postais e álbuns de lembranças*. São Paulo: Studio Flash Produções Gráficas, 1999.

GUIMARÃES, Olmaria. *O papel das feiras livres no abastecimento da cidade de São Paulo*. Série Teses e Monografias – n. 2. São Paulo: USP, 1969.

HOEHNE, Frederico C. *O que vendem os ervanários da cidade de São Paulo*. São Paulo: Casa Duprat, 1920.

JOHNSON, Richard. "O que é afinal Estudos Culturais?". *In*: SILVA, Tomaz Tadeu da (org.). *O que é afinal Estudos Culturais?* Belo Horizonte: Autêntica, 2000.

LAGO, Pedro Corrêa do. *Iconografia paulistana do século XIX*. São Paulo: Metalivros/Bolsa Mercantil & Futuros, 1998.

LEÃO, Carneiro. *São Paulo em 1920*. Rio de Janeiro: Anuário Americano, 1920.

LEITE, Aureliano. *História da civilização paulista, enriquecida de vasta bibliografia sobre cousas e pessoas de São Paulo desde 1502 até 1945*. São Paulo: Livraria Martins Editora, 1954.

LEMOS, Amália Inés G. de; FRANÇA, Maria Cecília. *Itaquera: história dos bairros de São Paulo*. São Paulo: DPH, 1999.

LINHARES, Mário Yedda. *História do abastecimento, uma problemática em questão (1553-1918)*. Brasília: Binagri, 1979.

_____. *História da agricultura brasileira*. São Paulo: Brasiliense, 1982.

LOBATO, Monteiro. "Prefácio". *In: Urupês*. São Paulo: Revista do Brasil, 1919.

MALHEIROS, Raul. *A cidade de São Paulo*. São Paulo: Vanorden, 1926.

MARCÍLIO, Maria Luíza. *A cidade de São Paulo: povoamento e população (1750-1850)*. São Paulo: Pioneira/Edusp, 1973.

MARQUES, Gabriel. *Ruas e tradições de São Paulo: uma história de cada rua*. São Paulo: CEC, 1966.

MARQUES, Manuel E. de Azevedo. *Apontamentos históricos*. São Paulo: Livraria Martins Editora, 1952.

MARTINS, Antonio Egídio. *São Paulo antigo*. São Paulo: Comissão Estadual de Cultura, v. 2, 1973.

MATOS, Odilon Nogueira de. "A cidade de São Paulo no século XIX". *Revista de História*, São Paulo, v. 21-22, 1955.

MORAES, José Geraldo Vinci. *As sonoridades paulistanas: final do século XIX a início do XX*. Rio de Janeiro/São Paulo: Funarte/Bienal, l995.

MOREIRA PINTO, Alfredo. *A cidade de São Paulo em 1900*. São Paulo: Governo do Estado, 1978.

MORSE, Richard McGee. *De comunidade à metrópole: biografia de São Paulo*. São Paulo: Comissão do IV Centenário, 1954.

_____. *Formação histórica de São Paulo*. São Paulo: Difel, 1970.

MOURA, Paulo Cursino de. *São Paulo de outrora: evocações da metrópole*. São Paulo: Melhoramentos, 1932.

NASCIMENTO, Raquel Pereira do. *Os bondes elétricos – chegada e travessia na cidade de São Paulo: 1900-1914*. Dissertação (Mestrado em história social) – Pontifícia Universidade Católica de São Paulo. São Paulo: 2002.

NAXARA, Maria Regina Capelari. *Estrangeiro em sua própria terra: representações do brasileiro (1870-1920)*. São Paulo: Annablume, 1998.

NOBREGA, Dagmar Vasconcelos Campos (org.). *História dos mercados municipais e feiras livres da cidade de São Paulo*. São Paulo: DPH/PMSP/Arquivo Histórico Municipal, mimeo, s.d.

NOSSO SÉCULO – *1910 A 1930*, v. 2. São Paulo: Abril Cultural, 1981.

OLIVEIRA, Leôncio Castellar de. *Vida roceira: contos regionais*. São Paulo: Seção de Obras do Estado de São Paulo, 1919.

PASSAGLIA, Luiz Alberto do Prado. *Mercado velho de Santo Amaro*. São Paulo: DPH/PMSP, 1987.

PENTEADO, Jacob. *Belenzinho, 1910. Retrato de uma época*. São Paulo: Livraria Martins Editora, 1962.

_____. *Memórias de um postalista*. São Paulo: Livraria Martins Editora, 1963.

PETRONE, Pasquale. "A cidade de São Paulo no século XX". *Revista de História*, São Paulo, v. 10, n. 21-22, 1955.

_____. *Os aldeamentos paulistas*. São Paulo: Edusp, 1995.

PINTO, Adolfo Augusto. *A transformação e o embelezamento de São Paulo*. São Paulo: Cardoso, Filho & Cia., 1912.

PINTO, Maria Inez M. Borges. *Cotidiano e sobrevivência: a vida do trabalhador pobre na cidade de São Paulo (1890-1914)*. Tese (Doutorado em história social) – Universidade de São Paulo. São Paulo: 1984.

PONTES, José Alfredo Vidigal. *São Paulo de Piratininga: de pouso de tropas a metrópole*. São Paulo: O Estado de S.Paulo/Terceiro Nome, 2013.

PRADO JUNIOR, Caio. *História econômica do Brasil*. São Paulo: Brasiliense, 1971.

QUEIROZ, Maria Isaura Pereira de. *Bairros rurais paulistas: dinâmica das relações de bairro rural – cidade*. São Paulo: Duas Cidades, 1973.

_____. *O campesinato brasileiro: ensaios sobre civilização e grupos rústicos no Brasil*. Petrópolis/São Paulo: Vozes/Edusp, 1973.

RAFFARD, Henrique. *Alguns dias na pauliceia*. São Paulo: Academia Paulista de Letras, 1977.

RODRIGUES, Jorge Martins. *São Paulo de ontem e de hoje*. São Paulo: s.n., 1938.

ROLNIK, Raquel. *Cada um no seu lugar! São Paulo, início da industrialização: geografia do poder*. Dissertação (Mestrado em arquitetura e urbanismo) – Universidade de São Paulo. São Paulo: 1981.

_____. *A cidade e a lei: legislação, política urbana e territórios na cidade de São Paulo*. São Paulo: Nobel/Fapesp, 1997.

SAES, Flávio Azevedo Marques de. *As ferrovias de São Paulo: 1870-1940*. São Paulo: Hucitec/Instituto Nacional do Livro/MEC, 1981.

SAMUEL, Raphael. *Historia popular y teoría socialista*. Barcelona: Crítica, 1984.

SANT'ANNA, Nuto. *São Paulo histórico: aspectos, lendas e costumes*. São Paulo: Departamento de Cultura, v. 4, 1944.

_____. *São Paulo no limiar do quinto século*. São Paulo: Michalany, 1955.

SANTOS, Carlos José Ferreira dos. *Nem tudo era italiano: São Paulo e pobreza (1890-1915)*. São Paulo: Annablume/Fapesp, 1998.

SÃO PAULO. *O poder em São Paulo: história da administração pública da cidade, 1554-1992*. São Paulo: Prefeitura do Município de São Paulo/Cortez, 1992.

SÃO PAULO. *1890-1990: cem vezes primeiro de maio*. São Paulo: DHP/SMC, 1990

SÃO PAULO DE VINCENZO PASTORE. Catálogo de exposição. São Paulo: Instituto Moreira Salles, 1997.

SCHWARTZ, Lília Moritz. *Retrato em preto e branco. Jornais, escravos e cidadãos em São Paulo no final do século XIX*. São Paulo: Companhia das Letras, 1990.

_____. *O espetáculo das raças: cientistas, instituições e questão racial no Brasil – 1870-1930*. São Paulo: Companhia das Letras, 1993.

SEGATTO, Jose Antonio (org.). *Lapa: evolução histórica*. São Paulo: DPH, 1988.

SESSO JUNIOR, Geraldo. *Retalhos da velha São Paulo*. São Paulo: O Estado de S. Paulo/Maltese, 1986.

SILVEIRA, Célia Regina da. *A epopeia do caipira: regionalismo e identidade nacional em Valdomiro Silveira*. Dissertação (Mestrado em história) – Universidade Estadual Paulista, Assis: 1997.

SODRÉ, Nelson Werneck. *Síntese da história da cultura brasileira*. São Paulo: Difel, 1985.

TAUNAY, Affonso de d'Escragnolle. *Antigos aspectos paulistas*. São Paulo: Imesp, 1927.

_____. *Ensaios de história paulistana*. São Paulo: Imesp, 1941.

_____. *Velho São Paulo*. São Paulo: Cia. Melhoramentos, v. 3, 1955.

TOLEDO, Benedito Lima de. *São Paulo: três cidades em um século*. São Paulo: Duas Cidades, 1983.

VASCONCELLOS, Maria da Penha (org.). *Memórias da Saúde Pública: a fotografia como testemunha*. São Paulo: Hucitec, 1995.

VELLOSO, Mônica Pimenta. *As tradições populares na Belle Époque carioca*. Rio de Janeiro: Funarte, 1998.

VIEIRA, Maria do Pilar de Araujo; PEIXOTO, Maria do Rosário Cunha; KHOURY, Yara Maria Aun. *A pesquisa em História*. São Paulo: Ática, 1998.

VITOR, Manoel. *São Paulo de antigamente: história pitoresca de suas ruas*. São Paulo: Grafistyl, 1976.

WISSENBACH, Maria Cristina Cortez. *Sonhos africanos, vivências ladinas – Escravos e forros em São Paulo (1850-1880)*. São Paulo: Hucitec, 1998.

_____. "Da escravidão à liberdade: dimensões de uma privacidade possível". *In*: SEVCENKO, Nicolau (org.). *História da vida privada no Brasil 3 – República: da Belle Époque à era do rádio*. São Paulo: Companhia das Letras, 1998.

Legislação

SÃO PAULO (Cidade). *Código de Posturas da Câmara Municipal da Imperial Cidade de São Paulo*, aprovado pela Assembleia Legislativa Provincial (Lei n. 62 de 31 de maio de 1875). São Paulo: Typographia do "Diário", 1875.

SÃO PAULO (Cidade). Código de Posturas do Município de São Paulo, (6 de outubro de 1886). São Paulo: Departamento Jurídico Municipal.

Leis e Resoluções da Câmara Municipal da Capital do Estado de São Paulo, 1892-1902. Seção de Referência Legislativa da Câmara Municipal de São Paulo.

Leis, Resoluções e Atos Executivos do Município de São Paulo, 1903-1930. Seção de Referência Legislativa da Câmara Municipal de São Paulo.

Relatórios

Secretaria dos Negócios da Agricultura, Comércio e Obras Públicas do Estado de São Paulo. Relatório apresentado ao Sr. Carlos Augusto P. Guimarães, vice-presidente do Estado em exercício, pelo Dr. Paulo de Barros, Secretário do Estado, 1912-1913. São Paulo, Typ. Brasil de Rothischild, 1914.

Relatório apresentado à Câmara Municipal de São Paulo pelo Presidente Dr. Pedro Vicente de Azevedo no ano de 1893. São Paulo: Oficinas Salesianas, 1895.

Relatório apresentado à Câmara Municipal de São Paulo pelo Intendente Municipal Cesário Ramalho da Silva, 1893. São Paulo, Tip. a Vapor de Espindola, Siqueira & Cia, 1894.

Relatório de 1896, apresentado à Câmara Municipal de São Paulo pelo Intendente de Polícia e Higiene Dr. José Roberto Leite Penteado. São Paulo: Typografia a vapor – Paupério & Cia, 1897.

Relatório apresentado à Câmara Municipal de São Paulo pelo Intendente de Polícia e Higiene Dr. João Alvares Siqueira Bueno – 1898. São Paulo, Imprensa da Casa Eclética, 1899.

Relatório apresentado à Câmara Municipal pelo Intendente de Polícia e Higiene Dr. João Álvares de Siqueira Bueno. São Paulo: Imprensa da Casa Eclética, 1899.

Relatório de 1900, apresentado à Câmara Municipal de São Paulo pelo prefeito Dr. Antonio da Silva Prado. São Paulo: Typografia de Vanorden & Cia, 1901.

Relatório de 1901, apresentado à Câmara Municipal de São Paulo pelo prefeito Dr. Antonio da Silva Prado. São Paulo: Typografia de Vanorden & Cia, 1902.

Relatório de 1902, apresentado à Câmara Municipal de São Paulo pelo prefeito Dr. Antonio da Silva Prado. São Paulo: Typografia de Vanorden & Cia, 1903.

Relatório de 1903, apresentado à Câmara Municipal de São Paulo pelo prefeito Dr. Antonio da Silva Prado. São Paulo: Typografia de Vanorden & Cia, 1904.

Relatório de 1904, apresentado à Câmara Municipal de São Paulo pelo prefeito Dr. Antonio da Silva Prado. São Paulo: Typografia de Vanorden & Cia, 1905.

Relatório de 1905, apresentado à Câmara Municipal de São Paulo pelo prefeito Dr. Antonio da Silva Prado. São Paulo: Typografia de Vanorden & Cia, 1906.

Relatório de 1906, apresentado à Câmara Municipal de São Paulo pelo prefeito Dr. Antonio da Silva Prado. São Paulo: Typografia de Vanorden & Cia, 1907.

Relatório de 1907, apresentado à Câmara Municipal de São Paulo pelo prefeito Dr. Antonio da Silva Prado. São Paulo: Typografia de Vanorden & Cia, 1908.

Relatório de 1909, apresentado à Câmara Municipal de São Paulo pelo prefeito Dr. Antonio da Silva Prado. São Paulo: Typografia de Vanorden & Cia, 1910.

Relatório de 1911, apresentado à Câmara Municipal de São Paulo pelo prefeito Raimundo Duprat. São Paulo: Casa Vanorden, 1912.

Relatórios de 1912-1913 apresentados à Câmara Municipal de São Paulo pelo prefeito Raimundo Duprat. São Paulo: Casa Vanorden, 1914.

Relatório de 1914, apresentado à Câmara Municipal de São Paulo pelo prefeito Washington Luís Pereira de Souza. São Paulo: Casa Vanorden, 1916.

Relatório de 1915, apresentado à Câmara Municipal de São Paulo pelo prefeito Washington Luís Pereira de Souza. São Paulo: Casa Vanorden, 1916.

Relatório de 1916, apresentado à Câmara Municipal de São Paulo pelo prefeito Washington Luís Pereira de Souza. São Paulo: Casa Vanorden, 1918.

Relatório de 1917, apresentado à Câmara Municipal de São Paulo pelo prefeito Washington Luís Pereira de Souza. São Paulo: Casa Vanorden, 1918.

Relatório de 1918, apresentado à Câmara Municipal de São Paulo pelo prefeito Washington Luís Pereira de Souza. São Paulo: Casa Vanorden, 1919.

Relatório de 1919, apresentado à Câmara Municipal de São Paulo pelo prefeito Dr. Firmiano de Morais Pinto. São Paulo: Casa Vanorden, 1920.

Relatório de 1920, apresentado à Câmara Municipal de São Paulo pelo prefeito Dr. Firmiano de Morais Pinto. São Paulo: Casa Vanorden, 1921.

• RELAÇÃO DE IMAGENS, MAPAS E PLANTAS •

Encarte

Planta Geral da Cidade de São Paulo, 1914, organizada por João Pedro Cardoso. Acervo do autor.

Páginas 27 e 74 *(detalhe da tela)*

Inundação da várzea do Carmo, de Benedito Calixto, 1892. Óleo sobre tela de 125 × 400 cm. Acervo do Museu Paulista.

Página 29

Várzea do Carmo, c. 1919. Fotógrafo: Aurélio Becherini. Acervo Fotográfico do Museu da Cidade de São Paulo.

Páginas 30, 36, 37 e 40 *(à esquerda e à direita)*

Fotógrafos desconhecidos. Acervo do autor.

Página 44

Raquel Rolnik, *A cidade e a lei: legislação, política urbana e territórios na cidade de São Paulo*, São Paulo: Nobel/Fapesp, 1997, mapa n. 5.

Página 46

O *cinturão caipira de São Paulo*, mapa de Pasquale Petrone, *Os aldeamentos paulistas*, São Paulo: Edusp, 1995, p. 127.

Página 72 *(à esquerda e à direita)*

Fotógrafo: Vincenzo Pastore. Acervo Instituto Moreira Salles.

Página 79

Mercado Municipal, 1898. Fotógrafo: Guilherme Gaensly. Acervo Fotográfico do Museu da Cidade de São Paulo.

Página 80

À esquerda: Mercado Municipal, 1915. Fotógrafo: Aurélio Becherini. Acervo Fotográfico do Museu da Cidade de São Paulo.

À direita: cartão-postal. Acervo do autor.

Página 84

Panorama da Várzea do Carmo, c. 1918. Fotógrafo: Aurélio Becherini. Acervo do autor.

Página 86

Cartão-postal. Acervo do autor.

Página 88

Mercado Municipal, 1915. Fotógrafo: Aurélio Becherini. Acervo Fotográfico do Museu da Cidade de São Paulo.

Páginas 91 *(à esquerda e à direita)* **e 93**

Fotógrafos desconhecidos. Acervo do autor.

Página 94

Mercadinho São João, c. 1910. Fotógrafo: Aurélio Becherini. Acervo do autor.

Páginas 95 e 97

Fotógrafos desconhecidos. Acervo do autor.

Página 102

Entreposto de Pinheiros (planta interna do Mercado de Pinheiros), Prefeitura do Município de São Paulo. Acervo do autor.

Página 107 *(à esquerda e à direita)*

Mercado Municipal, 1929 e 1933. Acervo fotográfico de Francisco de Paula Ramos de Azevedo. Acervo da Biblioteca da FAU-USP.

Página 108

Anúncio feito pela Companhia Parque da Várzea do Carmo no jornal *Folha da Manhã*, São Paulo, 25 de janeiro de 1933, p. 1.

Páginas 109, 110 *(à esquerda e à direita)* **e 111**

Mercado Municipal. Acervo fotográfico de Francisco de Paula Ramos de Azevedo. Acervo da Biblioteca da FAU-USP.

Páginas 128 e 129 *(à esquerda e à direita)*

Fotógrafos desconhecidos. Acervo do autor.

Página 131

Mercado Municipal da rua 25 de Março, antigo Mercado dos Caipiras, na Várzea do Carmo, c. 1918. Fotógrafo: Aurélio Becherini. Acervo do autor.

Página 169

Rua João Alfredo, 1901. Fotógrafo: Guilherme Gaensly. Acervo do autor.

Página 187

Rua do Arouche, 1942. Fotógrafo: BJ Duarte. Acervo Fotográfico do Museu da Cidade de São Paulo.

Páginas 206 e 207

Plan'-História da Cidade de São Paulo 1800-1874, organizada por Affonso Antonio de Freitas. Acervo da Biblioteca da FAU-USP.

As Edições Sesc São Paulo salientam que todos os esforços foram feitos para localizar os detentores de direitos das imagens aqui reproduzidas, mas nem sempre isso foi possível. Creditaremos prontamente as fontes caso estas se manifestem.

• SOBRE O AUTOR •

Francis Manzoni é pós-graduado em edição de livros, mestre em história pela Universidade Estadual Paulista (Unesp) e doutor na mesma área pela Pontifícia Universidade Católica de São Paulo (PUC-SP), com passagem pela École des Hautes Études en Sciences Sociales, em Paris, na França. Atuou na área de literatura e bibliotecas do Sesc São Paulo e, atualmente, é editor nas Edições Sesc.

PLAN'-HISTORIA
DA
CIDADE DE SÃO PAULO
1800-1874
POR
Affonso A. de Freitas

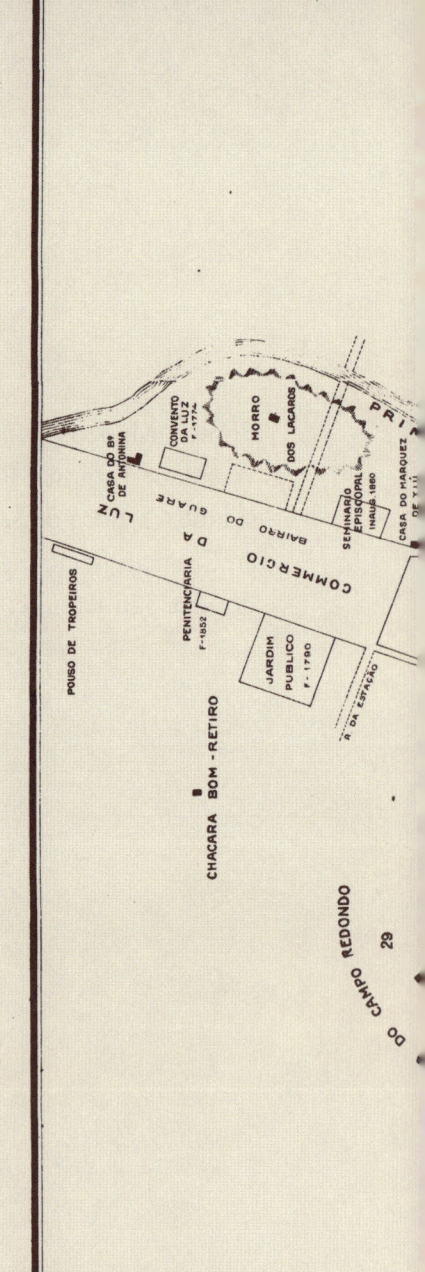

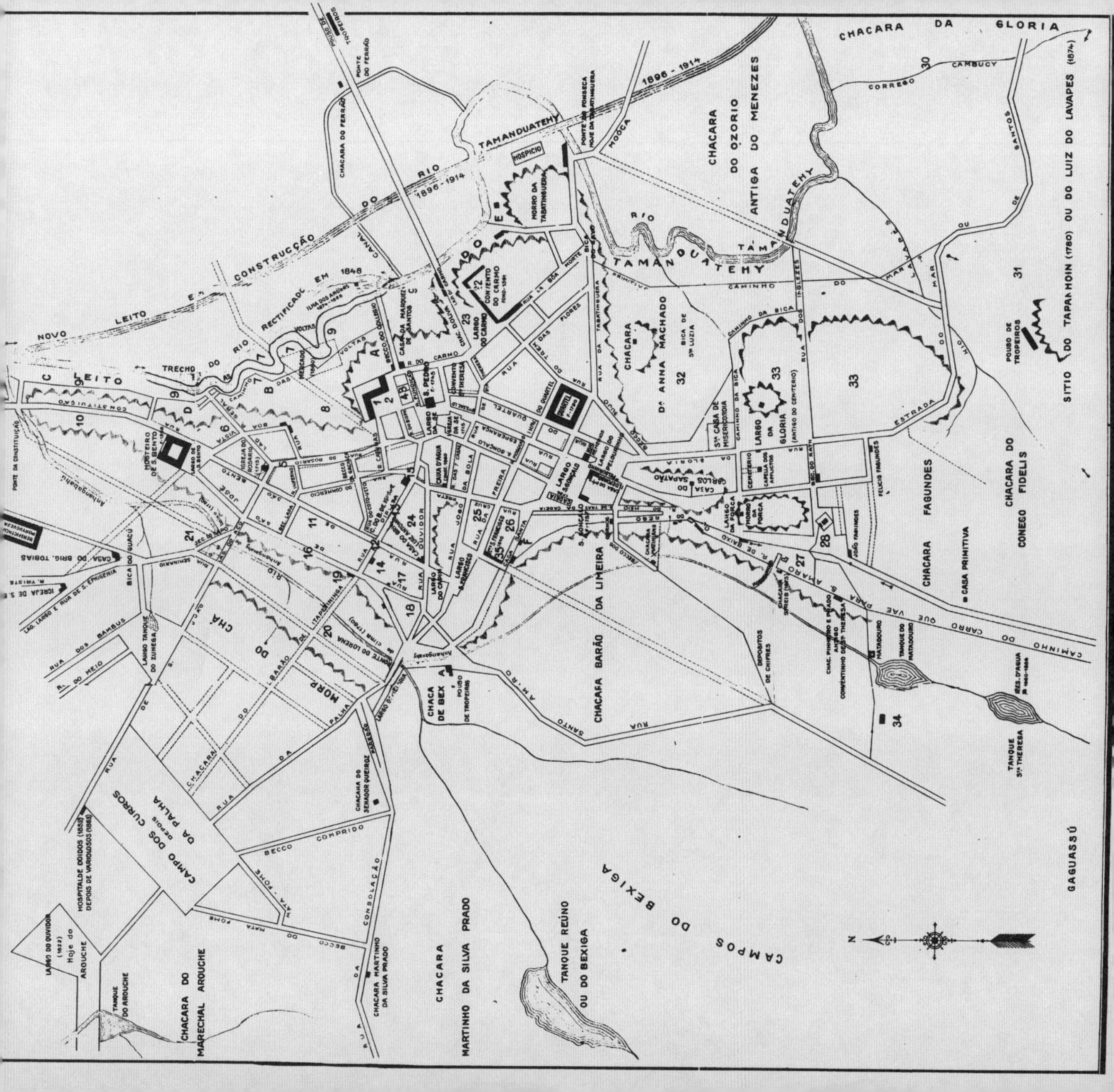

CHACARA DA GLORIA
CORREGO
CAMBUCY
30
TAMANDUATEHY
1896 - 1914
CANAL DO RIO
1896 - 1914
NOVO LEITO E CONSTRUCÇÃO
RECTIFICADO EM 1848
TRECHO DO RIO
LEITO
HOSPICIO
MORRO DA TABATINGUERA
PONTE DO FERRÃO
CHACARA DO FERRÃO
MOOCA
CHACARA DO OZORIO
ANTIGA DO MENEZES
RIO TAMANDUATEHY
CAMINHO DO MAR
LARGO DO CARMO
S. PEDRO
LARGO DA SÉ
QUARTEL
CHACARA Dª ANNA MACHADO
BICA DE Sta LUZIA
32
33
31
LARGO DA GLORIA (ANTIGO DO CEMITERIO)
Sta CASA DE MISERICORDIA
ESTRADA
LARGO DA FORCA
CHACARA FAGUNDES
CHACARA DO CONEGO FIDELIS
CASA PRIMITIVA
SITIO DO TAPANHOIN (1780) OU DO LUIZ DO LAVAPES (1874)
POUSO DE TROPEIROS
CAMINHO DO CARRO QUE VAE PARA S. AMARO
MATADOURO
TANQUE DO MATADOURO
TANQUE Sta THERESA
34
GAGUASSÚ
MOSTEIRO DE S. BENTO
RUA DE S. BENTO
RUA DIREITA
RUA DO OUVIDOR
MORRO DO CHÁ
RUA DOS BAMBUS
R. DO MEIO
LARGO DO PAYSANDÚ
CHACARA BARÃO DA LIMEIRA
DEPOSITOS DE CHIFRES
POUSO DE TROPEIROS
RUA SANTO AMARO
CAMPO DOS CURROS DEPOIS DA PALHA
RUA DA PALHA
BECCO COMPRIDO
CONSOLAÇÃO
HOSPITAL DE DOIDOS (1852) DEPOIS DE VARIOLOSOS (1865)
LARGO DO OUVIDOR (1822) Hoje do AROUCHE
TANQUE DO AROUCHE
CHACARA DO MARECHAL AROUCHE
CHACARA MARTINHO DA SILVA PRADO
TANQUE REÚNO OU DO BEXIGA
CAMPOS DO BEXIGA
N

Fonte	Sabon 11/16 pt
Papel	Pólen Soft 80 g/m²
	Duo Design 300 g/m²
Impressão	Colorsystem
Data	Julho de 2019